決断の作法

【大活字版】

桜井章一

はじめに

思えば、私は子どもの頃から、ずっと「自分のやり方」を貫き通してきた。

そして、とにかくより危険なほう、危ないほうを自ら選んで生きてきた。

小学生の頃には、都心に向かう私鉄の鉄橋の下にぶらさがり、線路に電車が走ったらどうなるのか試してみたり、急流の川の上の、対岸までかかっている細い水道管の上を渡ったりもした。

なぜ、そんなことをしたのか？　それは自分の目の前に、厳しい道とやさしい道があったとき、私は子どもながらに「**厳しい道を進んでいかないと、将来きっと困るのではないか**」と本能的に感じ、そんな理由からいつも危険な道を選んで進んできたのだ。

学校ではとにかく「勉強をしない」と決めていた。

無茶苦茶かもしれないが、「学校は勉強するところではなく、遊ぶところである」という持論を最後まで貫き通したのだ。

学校というところは、勉強するのなら居心地がいいが、勉強しないで六年間遊ぶとなると大変な場所である。ここでも私は、わざわざ自ら厳しい道を選択したのである。簡単なようだが、六年間となると難しい。

当然のことながら、教師には叱られた。だが、どんなに叱られようとも、私は意志を貫いた。

一度心に決めた「自分との約束」は、何があっても守りたかったからである。

中学、高校、大学と、それでも何とか進学できたのは幸せだったかもしれない。もちろん、その間に普通の人ならわざわざ経験しなくてもいい「修羅場」をいくつもくぐってきた。

しかし、だからこそ今日《こんにち》の私がいるのだと思う。

私だけではない。誰だって、子どもの頃からさまざまな選択をし、進む方向を定め、ここまで生きてきたはずだ。

なりたい職業を選び、そのために必要な勉強をし、入りたい企業に入った。

だから、今日のあなたがいるのだ。

しかしあなたにとって、それははたして正しい選択だったのだろうか。**あなたは、ここまでの人生を本当に自分で決めて生きてきただろうか。**世間の価値観に踊らされただけではなかっただろうか。妥協したことはなかっただろうか。願い叶わずあきらめたことはなかったか。

いまの会社も、いまの仕事も、自分が入りたくて入った会社だろうか。あるいはどうしてもやりたくて仕方がなかった大好きな仕事なのだろうか……。

どこか、心の中に「汚れ」のようなものを感じてはいないか。

あなたが私と同様に、ここまですべて自分で決めた通りに生きてきたというのなら、これ以上この本を読む必要はない。

だが、そんな人は少ないだろうし、もしあなたがそうなら、第一こんな本を手には取らないだろう。

では、今あなたが自分で決めた通りに生きていないとしたら、そして、これからの人生を何とか自分で選択して、しっかりと生きていこうという気概があるのなら、どうすればあなたらしい人生の選択ができるのか、「その決め方」について語りたいと思う。

まず、厳しい道とやさしい道、もしくはそう思われている二つの道があったとしたら、より厳しい道を選ぶべきだ。

誰もがみんな、やさしくて楽な道を選ぶだろう。だが、そうした道ばかりを選んでいたら、結局のところ最後に厳しい道を歩く運命になるだろう。

しかもその道は険しく、つらく、苦しい。頼りにしていたものに裏切られ、誰からも相手にされない。

定年後の会社員が何もすることがなく、ただただ死ぬまでの十数年を無為に生きているさまは、哀れ以外の何ものでもない。定年後でなくとも基本的にやることのない人生の道は、精神的につらく、哀《かな》しい旅だろう。

そのうえ、やさしい道ばかりを選んでいた人は、いざ厳しく困難な道に出くわすと、その道をどう歩いていいかわからなくなってしまい、悩み、苦しむ。

日本航空や東京電力、最近では東芝やシャープというかつては日本を代表した大会社の現状を見れば、よくわかるだろう。

会社をリストラされ、肩書がはずれたエリート社員たちに何ができるのだろう。政治家も同じだ。一人で何も決められない彼らは、あれほどの人数がいても結局は何も決められない。

このままでは日本という国そのものも、近い将来、先の原発事故のように手がつけられなくなるほどおかしくなるかもしれない。

みんな「**楽な道、楽な道と歩んでいけば、必ず、最後には苦しむことになる**」ということを、なぜわからないのであろうか。

まさに「地獄への道は、善意の敷石で敷き詰められている」という諺《ことわざ》の通りである。

反対に、**厳しい道を進んでいると、さまざまな厳しい局面に出くわしても、それに対して楽に対処できるのである。**苦しさが、やがて楽しさに変わるのだから本当に不思議だ。

それは、たとえば水泳で七百メートル、千メートルと泳いでいるときはしんどいが、千五百メートルを超えたあたりから急に体が楽になるのと似ているかもしれない。

あなたは厳しい道を行くと決め、そして一度決めたのなら、迷わずその道を進め。

その先には、本当の人生の喜びが間違いなく待っているはずだ。

具体的にはどうしたらいいか？　その心配はいらない。

そのための方法がこの本の中にあるのだし、私に言わせれば、決断なんて「1秒」あればいい。そして、いい決断が運を引き寄せるのだから。

#「決断の作法」◉目次

第3章 仕事人として決断する

第4章 決断力のある人になる

第5章 人生を決断する

本書は２０１１年8月に刊行された『決断なんて「1秒」あればいい』（ソフトバンク文庫）に一部加筆・修正して、再編集したものです。

第1章

「決める」とは、どういうことか

まっすぐ家に帰ると決めた日

あれは、ある晩の夕方六時頃だっただろうか。駅前で疲れた顔の会社員が二、三人立ち止まって話をしていた。

「おい、今日はどうする？　いつものところに寄って行くか」

「すみません、今夜は家にまっすぐ帰ります」

「そうか、じゃあな」

その会話を聞いたとき、私の耳は、鋭く反応した。

（まっすぐ帰る？　冗談じゃない、帰れるわけがない！）

いや、この部下らしき男が、どこにも寄らないで帰宅することを疑っているのではない。いつものところと上司が言っているのだから、普段はこの男も付き合っているのだろう。それを断ったのだから、きっと家で何か予定があるのだろう。

妻か子どもの誕生日かもしれないし、田舎から両親でも来ているのかもしれない。独身なら、彼女が晩飯をつくって待っているのかもしれない。

そんなことはどうでもいいが、そうした状況なら、どこにも寄らずに帰るだろう。

彼は満員電車を乗り継ぎ、自宅あるいは安アパートに帰るのだろうが、何にせよそれと

「まっすぐ帰る」というのは、意味がちがう。

私は、小学生の頃、教室でふと「今日はまっすぐ家に帰ってみよう」と決めたことがあった。ともかく、まっすぐである。わかりやすく言えば、学校と家を結ぶ一直線上を歩いて帰ろうと思ったのだ。

私の地元は、郊外だったとはいえ東京である。学校から家まで直線で帰れる道などあるわけがない。

そこには塀があり、家があり、庭があり、家の向こうに、また家がある。他人の家の中や屋根の上を通って帰らなければ家には着かない。

幸い直線上には川や海はなかったが、あれば当然泳がなければならないし、絶壁があれば、登って行かなければならなかった。

放課後、私は早速実行に移した。

学校を出て、すぐに家にぶつかった。塀を乗り越え、敷地内に入った。庭には人がいた。いるはずだ、その家の住人なのだから。

そこに見知らぬ子どもが塀を乗り越えて入ってきた。立派な不法侵入である。

「何だ、お前は！」

私は返事もせずに、高い所に飛び上がり、さらに一階の樋《とい》にぶらさがると、勢いをつけて屋根の上に跳ね上がった。驚いたその家の人間がそこらにあるものを投げつける。物干し竿で突こうとする。まるで、野生のサルの捕獲作戦のようだった。

身軽な私は、また同様に二階の屋根に上がり、家の人間にアカンベーをすると、今度はその向こうの家の庭へ降り立った……。

そんなことを繰り返して、私はとうとうわが家まで「まっすぐ帰る」ことに成功したのである。

もちろん、顔や手足は擦り傷だらけ。でも、日に焼けた顔から真っ白い歯を出して喜んでいる無邪気な私がそこにいた。

このときの爽快感は一生忘れない。なぜなら自分で決めたこと、それも、ふと決めた難しいことを自分自身の力ですぐに実行できたからである。

先の会社員が言った「今夜は家にまっすぐ帰ります」という言葉に私が反応した理由が、これでわかったことだろう。

彼のセリフが「寄り道せずに帰宅します」だったら、まだ誰にも話したことのない小学生時代のエピソードなどを思い出して書かなかったかもしれない。その意味では、彼に感謝しなければなるまい。

「自分で決めた」ことを実行した、忘れられない男

私がなぜ、この本の冒頭でそんな子ども時代の思い出話を持ち出したかわかるだろうか。

つまり**物事を「決める」、そしてそれを「実行する」ということは、基本的に困難が伴うものなのだ。**困難を、リスク、危険という言葉に言い換えてもいいかもしれない。

逆に困難や危険を伴わないことは、別に決めても決めなくても、どうでもいいことだと思っていい。私にとっては、学校の「校則」がそれだったわけだが、校則だけでなく、この世の中のそうした「決まり」の多くは、やはり私にはどうでもいいことばかりだった。

私は、何でもかんでも「自分で決めろ！」というつもりはない。

ここはどうしても自分で決めなければいけない、という大事なときにいったいどうしたらいいのか、それだけを伝えることにしよう。

私はその昔、東京の最大の繁華街新宿を根城にして、いわゆる麻雀《マージャン》の代打ちをしていた頃、すごい人物に出会ったことがある。代打ちについては後で詳しく説明するから、ここでは省く。

その人は、普段は居酒屋のオヤジをやっていたのだが、ひどく物静かで、やさしい感じでしゃべる人だった。

ベレー帽でもかぶって、パイプでもくわえさせたら、芸術家に見えただろう。実際、彼は仏像の絵を描いていて、ひょっとしたら、かつては画家を目指していたときもあったのではと思わせるほどだった。

私とは、単なる麻雀仲間だったのだが、居酒屋の主人以外の素性は、さっぱりわからなかった。

麻雀では、この人はいつもアガらない。弱くてアガれないのではないことは、その捨牌《すてはい》を見れば、一目瞭然である。アガろうとしないのである。

私もおもしろくなって一切アガらなかったら、当然ながら二人は負けた。

すると、彼もこちらの手の内をわかっていて、「章ちゃん、合わせるねえ」と笑っていた。

その人とはその程度の関係だったが、ある夜、彼と偶然ネオン瞬《またた》く歌舞伎町の雑踏の中でばったり会った。その時、相変わらずの温厚な口調で、私にこう言った。

「章ちゃん、いままでありがとうな。俺、行ってくるわ」

そして、少しだけ淋しそうな笑顔を残して、ネオンの海に消えて行った。

もちろんどこに行くのか、なぜそんなことを言うのか、私にはさっぱりわからなかった。

それから数日後、新聞ネタになるような大事件が起き、殺人犯として彼が自首したことを私は知った。

彼はある大きな組織のヒットマン（殺し屋）だったのである。

新宿の繁華街の居酒屋の店長は、まさに彼にとって絶好の隠れ蓑《みの》だった。そして、何年もターゲットであるその世界の大物の動きを追いつづけ、チャンスを見つけたのだ。犯行を実行する少し前に、偶然私と出会ったにちがいない。

「章ちゃん、いままでありがとうな」

いまだに、その穏やかな彼の最後の声が、私の耳には残っている。

あとでわかったことだが、この事件にはまったく組織の関与はなく、彼が独断で決行した犯行だった。

きっと義理を感じたり、何かの使命を感じたとき、組織の論理でなく、自分の判断でサッと動く人だったのだろう。

数年後、彼の名が再び新聞に載った。

死刑判決が確定したというニュースだった。


彼は、自分で己の行動を決めた。

そして義理を果たし、自首し、死刑になることで自分の人生にも終止符を打った。

この男ほど「自分で決めたことを立派に守った人間」を私は知らない。

「決める」ということは、時には「命がけ」の行為にすらなるということをあなたに知ってほしくて、私はあえてこんな例を挙げたのだ。

「決める」前にするべきこと

一人の男が自分で決めたことを守って、死刑判決を受けた。

当時の私には、「決める」という言葉の重さがひしひしと伝わってくる一件だった。

ちなみに「決める」の「決」という字の使い方を見れば、「決める」ことの重大さがわかろうというものである。

「決」がなぜサンズイなのかと言えば、もともとは川の氾濫を防ぐため、堤防の一部を切って、溜まった水を流すことを「決」といったところに由来しているという。

堤防の一部を切ると決めるには、迷わずはっきりと決めなければならない。それを「決断」と言ったところから、「決」という字は「心にきめる」という意味に使われるようになったそうだ。

そして、「決」を使った言葉に次のようなものがある。

決意、決心、決然、決行、決戦、決勝、決定、決死、対決、自決……。

どの言葉にも、どこか緊迫感、あるいは悲壮感が漂っていないだろうか。

つまり、**「決める」という行為は、もともと簡単なことではないのである。**

私は先の居酒屋の親父、いや、ヒットマンは捨て身だったのだと思う。捨て身だったからこそ、自分の思う通りに「決める」ことができたのだと私は思う。

まさに、決意、決心、決然、決行、決死、対決、自決……の「決」の字にふさわしい行為だったと言えよう。

言うのは簡単だが、身を捨てるということは、よほどの勇気がないとできない。また、そこには何も恐れない度胸と根性が据わっていないと、捨て身になどなれるものではない。

が、しかし、捨て身になるとさまざまなものが見えてくる。


同じことをしているのに、この人は「利」に対して敏感になっているな、とか彼は「素」で動いているな、とかそうした相手の心の中まで見えてくるから不思議だ。

実は、私が主宰している麻雀の道場の生徒の中に、すべて「素」で動く子が一人いる。

この子は余計なことを一切考えない。

悲しい光景を目にすれば、目には自然に涙があふれてくるし、おかしなことにはくったくなく笑う。

損得などは一切考えないのだ。気持ちも素直で、健やかだ。

こんな子がいてくれるから、私もいつだって捨て身になれる。

そして、人間捨て身にさえなれば、最良の決断ができる。その意味で、彼にはいつも感謝している。

話がそれたが、**大事なことを「決める」ときには、まず自分自身を捨てることだ**。つまり、自分のことを少しでも考えに入れていたら、最良の判断などできやしないということを知っておいてほしい。

いきなり捨て身になる、というのが難しいのであれば、普段から自分を二の次にして考えるクセをつけておくのも、ひとつのステップかもしれない。

ビジネス社会では、どうでもいいことしか決められない

また、先のヒットマンが何よりすごいのは、誰かの命令で動いたのではない、ということである。

他人の手を借りず、誰とも相談せず、自分で決め、実行し、きちんと後始末をつけた。見方を変えれば、それは「しがみつかない」生き方をずっとしてきたからこそ、すべて自分で決められた、ということでもある。

この考え方は、はたして会社員の世界で通用するだろうか。

答えはNOだろう。それぐらい、私でもわかる。

では、どうしてNOなのか？

それは、会社というものは基本的にチームプレーで動くからだ。

ということは、会社員は自分でほとんど何も決められないということになる。

平社員は係長の許可なしに何も決められないし、係長は課長の許可なしに何もできない。課長は部長に、部長は担当役員に、役員は役員会議に諮《はか》らなければ、何も決定できない。それが会社の仕組みというものだろう。

だから、報告、連絡、相談、いわゆる「ホウレンソウ」が鉄則などといわれるのである。

こんなにチェック機関があるところで、何かを自分で決め、そしてそれを実行するなど、とんでもないことである。

しかも、社員全員が「法人」という名の法律上の「人」にしがみついて生きていて、そのしがみつき代が毎月の給料なのだ。

そんな形でしがみついている人たちが、それこそ社運にかかわるような大きな問題など、自分の力で決められるはずがない。

何かあれば、すぐ上司に報告し、連絡を受けたその上司は、さらにその上の上司に報告し、相談して、またさらにその上に……。

そんなところで最良の判断などできるわけがない。

厳しいことを言うようだが、先の原発事故を見てみれば、それはよくわかるだろう。

「課長、そうはおっしゃいますけどね……」

などと会議で口角泡を飛ばして議論を戦わしたところで、あなたたちは「しがみついている」者同士。部下が上司と戦う権利など、爪の垢ほども持ってはいない。

思わず笑ってしまう人もいるかもしれないが、あなたが住んでいる会社員の世界は、基本的にそういうところなのだ。

もし素晴らしい上司がいて、「君がいいように、決めなさい」とあなたに決定権を与えてくれたとするのなら、それはもともと誰がどう決めてもどうでもいい問題だと思っていい。

社内旅行の行き先、忘年会や歓送迎会の会場、お中元お歳暮の品物選び……そういうものを上司から任されたことはないだろうか。

だから、私は冒頭でこう言ったはずだ。

物事を「決める」ということは、基本的に困難が伴うものなのだ。困難を、リスク、危険という言葉に言い換えてもいいかもしれない。

逆に困難や危険を伴わないことは、別に決めても決めなくても、どうでもいいことだと思っていい、と。

しがみつく生き方の弊害とは？

では、「しがみつかない」生き方をすれば、最良の決断ができるのだとしたら、その「しがみつかない」生き方とはいったい何か。

いい機会だから、ここで少し考えてみよう。

人間は、基本的に「しがみつく」動物である。

赤ちゃんを見れば、それがよくわかる。ひと時でも親が離れたら、慌てて母親にしがみつこうとする。

そして、本来そういった習性があるから、多くの人が学校や会社にしがみつくような生き方をしてしまうのだ。

実際、現代社会ではほとんどの人間が学校、会社に帰属している。

しかし、少なくとも私が子どもの頃には今ほどひどくはなかった。

町にはさまざまな仕事をする人たちがいて、むしろ会社員の家庭は少なかったかもしれない。

八百屋さん、魚屋さん、お米屋さん、パン屋さん、床屋さん、美容院、氷屋さん、駄菓子屋さん、自転車屋さん、大通りには家具屋さん、洋服屋さん、食堂、化粧品屋さん、ケーキ屋さん、時計・貴金属店、そして、横道に入れば職人さんたちがガラス戸一枚、道路と隔てて実際に仕事しているのを見ることができた。桶《おけ》屋さん、下駄屋さん、銅工屋さん、表具屋さん……。

さらに共同住宅の炊事場などでは、おかみさんたちの井戸端会議が毎日、開かれていた。つまり、学校に通っている子どもを除いて、町のほとんどの人たちがどこにも帰属していなかった。

そんな「しがみつかない」人生をひと昔前は多くの人間が送っていたのである。あえて帰属していると言えば、町内という名のコミュニティぐらいのものだった。

人を指すのにも、「横町の団子屋の親父」とか、「角の自転車屋の息子」といった感じで、一人ひとりが〝名称〟を持っていた。

それに何より、いま思い出しても、この頃の人たちは明るかったし、また怖くもあった。そして貧しかったけれど、みな生きる自信にあふれていたように思えてならない。

それも「しがみつかない」人生を送っていたからではないだろうか。

「しがみつく」という言い方にピンとこなければ、電車にたとえてもいいかもしれない。

今や、学校や会社という名の電車に、誰もが乗りたがっていないだろうか。

では、なぜ乗りたがるのか。それは自分で運転しなくても、余計なことさえしなければ、自分を目的地まで運んでくれるからである。

そして駅を降りるときが学校でいえば「卒業」だし、会社でいえば「定年」なのだ。

「卒業」という駅で降りた学生は、次に「会社」という名の電車の乗車券を手に入れなければ、先に進めない。また、「定年」という駅で降ろされた人は、これから先の切符は、自分で手に入れなければならない。

そんな電車任せな人生を送ってきた人にとって、電車が急停止したり、脱線したときの悲劇は目も当てられない。

それが、学生であれば、「ニート」であり、会社員であれば、「リストラされた人」ということになるのである。そこから、再起するのは大変な労苦だろう。

なぜ大変なのか、わかるだろうか。

彼らの多くは、「こうなったのは学校のせいであり、会社のせいだ」と考えているからだ。

これは、「しがみつく」人生を送ってきた人に共通の弱点である。

これでは再起などできるわけがない。

しかも、大変に申し訳ないが、会社員の人たちがやっている仕事にはいつでも代わりがいるのである。

言い変えれば、彼らは、たまたまその電車の吊革にしがみついて乗っている乗客にすぎないのだ。

それはつまり、肩書で仕事をしているということだ。

いや、そんなことはない、と言う人もいるかもしれない。そういう人は、一日でもいいから、名刺を持たないで営業をしてみるといい、会社の名前を一切使わないで仕事の電話をかけてみたらいい。

「桜井ですが……」

「失礼ですが、どちらの桜井様ですか？」

などと言われて、すぐに会社の名前を言わなければならなくなる。それが、電車に乗って、吊革にしがみついて人生を歩んでいるということなのだ。

電車の中で「しがみつかない」人生を送っている人がいるとすれば、その電車を運転している人、つまり、経営者だけだろう。

それに比べて、昔の職人さんのように「しがみつかない」生き方をしてきた人たちは、普段から何事も自分で決め、そのために起きたことの責任は自分で取るという姿勢で生きていたから、最悪の事態が起きても再起はいくらでも可能だったのだ。

しかし、いま会社勤めをしている人たちに、今さら「しがみつかない」人生を、と言ったところで仕方がない。別に、無理に会社を辞める必要もない。

「あなたの本を読んで、会社を辞めてきました」などと、私が主宰する麻雀道場に来られても困る。

だから、あえて言おう。

今からでも遅くない。会社員をやりながらでもいいから、誰にも真似のできない「職人的」な技術を身につけておくこと。

それがいざ、自分が何かを「決める」ときの強力な武器になるに違いないからである。

本格的な「会社依存症」の末路

ある夜、ふと立ち寄ったレストランで、女性を含む四人の若い会社員たちが酒の勢いを借りて、社内の悪口を言っている場面に出くわした。

言っておくが、私は当人のいないところで悪口を言うのは大嫌いである。

だから聞くに堪えなかったのだが、彼らの声は大きくて、店内に響き渡っていた。

内容は、つまらない上司の悪口である。

「私、もうやってられないわ。冗談じゃないわよ。あの係長、サイテー。会社辞めちゃおうかしら」

「おう、みんなで辞めちゃおうぜ」

「そうしよう、そうしよう」

もちろん彼らが会社を辞めるわけはない。よくある単なる憂さ晴らしの光景にすぎない。

会社員がたとえどんなに口を尖《とが》らせて反論しても、私に言わせれば今の生活は、会社にしがみついた人生であり、言葉を変えれば「会社依存症」という病気のストレス発散なのである。

依存ということは、自分という軸を失い、寄りかかっている状態である。「アルコール依存症」、「薬物依存症」「ギャンブル依存症」……どれも決していい言葉ではない。

しかも、どの依存症も進行すればするほど、手の施しようもなくなり、末期症状は見るも無残なものである。

もちろん「会社依存症」にしても同じだ。

ある一流会社の役員が順調に出世の階段を駆け上がり、見事社長の座を射止めた。そのときから、この社長の頭の中は、「いかに、この会社に長く君臨できるか」の一点であった。

そのため、副社長はじめ、まわりをイエスマンの役員ばかりで固め、自分が会長になるとその副社長を社長にし、名誉会長になっても、相談役になっても、特別顧問になってもその会社にしがみついた。

ちなみにその会社では、社長、会長までは従来あった役職だが、以後の名誉会長、相談役、特別顧問という役職は、彼が自ら自分のためにつくったものであった。

しかし時は無常である。最後の特別顧問の任期が過ぎ、とうとう、すべてを終え、退任することになった。時に七十四歳だった。

いよいよ、明日で退職という日、彼は総務課に向かった。総務部長は緊張した。老いたりといえども、昔の大社長がいまにも何か言葉を発しようとしていたからである。

「特別顧問、どんな御用でしょうか」

元社長は、総務部長にこう言った。

「明日で私は退任するのだが、何とか、あと三カ月分の定期券をもらうわけにはいかないか」

これは本当にあった話である。最後の最後までこの人は会社と離れたくなかったのである。

どんなに大きな会社の会長だって、退任すればただのおじいさんになる。会社にしがみついて生きてきた人にとっては何の肩書もなく、外に放り出されたら、どうしていいかわからないのも仕方のないことだろう。

それはまるで、老いて捨てられた大型犬のようなものである。

結局、会社はこの申し出を拒否し、以後、名誉会長をはじめとした名前だけの役職をあらかた廃止した。

それから、退職後数カ月も経たないうちに、この人は認知症となり、廃人同様の入院生活を過ごし、二年後に自分が誰であるかもわからないまま、家族だけに看取《みと》られて亡くなったという。

まさに「しがみついた老害」そのものである。こういったタイプは、自分がすべての役職から離れたとき、すべてを失い誰も見向きもしてくれなくなるのが怖いのである。

あなたが会社員ならば、ぜひ知っておいてほしい教訓がここに隠されている。

それは、「**楽をすれば、その倍の苦しみが必ずやってくる**」ということだ。

これは、すべてにおける「依存症」の禁断症状と同じ理屈だ。

会社に帰属している以上、誰でもかかるのが「会社依存症」だ。固定給という薬を仕事の内容にかかわらず何十年と射ち続けられたら、「無難な生き方をしたがる症状」が出てくるのは当然だ。

先の社長の場合、五十年も射ち続けたために、最後に数倍の禁断症状が出たと思えばわかりやすいかもしれない。

いま、会社にしがみついている人たちに、私は「しがみつくな」とは決して言わない。

そのかわり、ほんの少しでもいいから、しがみついている指先の力をゆるめてみよう。しがみつくのではなく、会社に触っているくらいの感覚になれば、もっといい。すると、不思議なことに、いまよりも軸が自分の中に感じられてくるようになるはずだ。

それは、たとえば会社と関係のない趣味やスポーツの仲間と付き合うとか、休日には積極的にボランティアに参加するとか、そんな行動を生活に取り入れてみるのでもいいだろう。

「あの人、おもしろい人だなあ。え、サラリーマン？　どこに勤めているの？」

などと言われるようになったら、自分でももっと楽しくなるはずだ。

その感覚をつかめれば、大事なことを「決める」ときに必ず役に立つ。

先の四人組のように、酒を飲んで上司の悪口を言っているうちは、上司は彼らに大事な仕事を決めさせることは決してないだろう。

結婚相手を決めるなら、こんな相手を選べ

私は、自分の人生をすべて自分で決めて生きてきた、と冒頭に書いた。しかも決める基準は、あくまで困難を伴うか、伴わないかであり、必ず私はより厳しい道を選んだ、とも書いた。

子どもの頃は勉強をしないと決め、徹底的に遊んだ。メンコで近所に相手がいなくなると、一時間も歩いて遠くの町に遠征し、年上の子どもと勝負した。勝って勝って勝ちまくり、結局家にリンゴ箱数十箱分ほどたまった覚えがある。

中学生になっても、もちろん遊び通した。中学の遊びとなれば、当然より広い地域から生徒が集まってくるから、ケンカなどもしょっちゅうだった。

先生にも逆らった。柔道部の顧問をしていた教師の授業中にわざと弁当を食った。もちろん怒られた。が、私はやめなかった。

体罰を食らわそうとすると、私は自分からその教師に向かっていった。先生の顎《あご》の下まで、顔をくっつけた。そこまでくっつけると殴りようがなかった。次第に先生にもあきれられて、大目に見てくれるようになった。

麻雀をはじめたのは大学に入ってからだった。やってみたら、おもしろいように勝てた。おかげで学生時代、小遣いに困ることはなかった。

代打ちをはじめたのも、大学の四年生の頃だったか。

代打ちというのは、ヤクザや会社社長などに代わって麻雀を打つ、いわば裏社会の勝負師稼業だ。

一晩で数百万からの大金が動いた。あるときなど、負けた社長が支払いが足りずにベンツを置いていったこともある。

あなたとじゃんけんをしたとしよう。一回勝ったら百円だとしたら、いくらでもやれるだろう。これが百万円だったらどうだろう。かなり、プレッシャーがかかるだろう。代打ちは、ただそれだけのことだ。

しかし、私には何のプレッシャーもなかった。だから、私は負けなかった。負けたら、自分の命をくれてやる、ぐらいに思っていたからである。

決めるということは、リスクを伴うと書いたが、まさに、当時の私は強くそう意識していた。

そして、代打ちをはじめて十年ぐらい経ったある日、私は一人の女と結婚することにした。

当時、私には二十人近くの女がいた。その中から一人だけ選び、その相手の女と結婚することに決めたのだ。

決めた「基準」は、それまでと同じであった。

このたくさんの女の中で、結婚して一番大変だろうなと思う女を選んだ。

そして私は結婚した。自らいばらの道、厳しい道を進んだのだ。

この道は、実はいまだに険しい。

わざわざその女性を選んだ理由というのは、言葉を変えれば、彼女は私がいなければ生きていけない女であり、ほかの女は私がいなくてもそこそこ幸せになれると思える女たちだったからである。

詳しく書くつもりはないが、とにかく私が結婚を決めた女は、一般的に見れば悪妻といわれても仕方がないかもしれないタイプだったし、もし私の妻にならなければ、彼女がどうなっていたかも想像がつかない。

少し前にも、知り合いの女性から電話があって、「お宅の奥さんが、私に一億円あげるって言うんだけど、どういうことなんですか？」と聞いてきた。

この一件だけでも、彼女がいかなるタイプかがわかるだろう。

今だから正直に書くが、彼女と結婚してから、涙が出そうになった。

なぜなら、彼女の母親も、姉も、同じ種類の人間だとそのとき知ったからである。

ただ、彼女のおかげで私はトラブルを解決する能力が異様に高まったし、つらいこと、厳しいことなどからかなりのことを学ばせてもらった。

実は、良いことよりも悪いことからのほうが、とても多くのことが学べるのである。

ソクラテスの妻は、尿瓶《しびん》に入った尿をソクラテスの頭からかけたという悪妻である。まわりからは「なぜ、あんな女と結婚したのか」と言われたという。それに対して、ソクラテスはこう言っている。

「ぜひあなたも結婚しなさい。悪い妻を持てば、私のように哲学者になれる」と。

ソクラテスではないが、あなたが結婚を決めるのなら、そこには「絶望」を必要条件にすべきだと私は思う。普通、多くの人間にとって結婚とは「希望」である。

男は女にさまざまなことを求めているはずだ。家事も洗濯もしてもらえるし、セックスもタダだ。中には共働きで、お金もよく稼ぐ妻すらいる。

しかし、男は女に「あなたは俺にとって、本当に便利な女だ」とはまず言わない。「あなたを愛している」という言葉でごまかすだけだ。

あなたは自分の一生の伴侶を決めるのに、相手が自分にとって、ただ「便利な女」でいいのか。それはパートナーとなる女性に対して失礼ではないのか。

自分の結婚相手を決めることは、彼女の人生に対して全責任を負うということだろう。だとしたら、「希望」などは捨て「絶望」からはじめるべきだと私は思う。

女にしても同じことだ。金を稼いできてくれて、堂々とセックスを楽しめる。うまくやれば、三食昼寝つきで一生暮らせる。

そう、結局はお互いの打算でほとんどが結婚しているのが現代の結婚事情なのだ。

私の知り合いで、わざわざ離婚経験者で年上、しかも子持ちの外国人の中年女性と結婚したエリート会社員がいた。

女性の方は美人でもない。腹が出ていて、どちらかと言えば、下町のおばちゃんである。しかも、その娘は髪を金髪に染めたヤンキーの中学生だった。その娘は学校でも問題を起こし、結婚後、彼はしばしば学校に呼ばれた。

この結婚は、彼が優秀な会社員だっただけに友人たちも驚いたが、両親や親戚はもっと驚いた。

そして、親戚が入れ代わり立ち代わり、彼にさんざん「騙《だま》されている」と言って、付き合いをやめるように諭《さと》したのだが、結局家の名誉もあって、彼は「親でもなし、子でもなし」という、いわゆる勘当扱いになった。財産分与もなければ、今後、何があっても実家とは無関係ということになったのだ。

それでも彼は結婚を貫いた。

そして、結婚して間もなく、女は多額の借金を残して、彼の前から消えた。別の男と逃げたという噂《うわさ》もあった。

「ほら、見たことか」とまわりは思った。

だが、彼自身は何も変わらず、そのまま生活を続けた。そして、会社に退職金の前借りを申し込み、彼女の借金をすべて支払った。

彼の退職金は、それですべて消えた。

逃げた女房からは、まったく連絡がなかった。

さすがに、ヤンキーだった娘は心を入れ替え、彼と娘とペットのネコの生活が数年続き、娘が近所の男性と結婚することが決まったある日、彼はガンで亡くなった。

驚いたことに、墓はすでに買ってあり、墓石には「南無阿弥陀仏《なむあみだぶつ》」とだけ彫ってあり、それ以外は一字もなかった。噂では、勘当された身ゆえ、実家に迷惑をかけないようにとの配慮からであったという。

彼の葬儀には、墓地に入れないほどの人々が集まった。社内でも社外でも、彼は大変な人望があったからだ。

彼の気持ちは、私には痛いほどわかる。

「この女は、俺と結婚しなければ、生きていけない。そのかわり、ちょっと間違えると、俺もダメになるかもしれない」

彼は、そんな「絶望」の淵《ふち》から結婚相手を決めたのだと思う。

あなたに彼と同じことができるだろうか。もしできるのならば、自《おの》ずと、あなたの生き方も変わるだろう。これはもう驚くほどに変わる。

「決める」ということが、本来はどれだけ腹をくくるべきものであるか、逆に、先に楽な道を選ぶとそのあとはどうなってしまうかが、少しでもわかってもらえたら幸いである。

第2章

なぜ、あなたは自分で決められないのか

得ることばかりを考えていないだろうか

あれは、いつのことだっただろう。

その夜、私は東京の歓楽街で一番華やかな店の前にいた。

「はい、うかがっています。どうぞ、こちらに」

白の手袋に紺の制服のドアボーイが、いかにも重そうな店のドアをあけると、店内にいた黒服のマネジャーは、私をていねいに奥へ案内してくれた。

紫煙の向こう、そこは当時を象徴する実に煌《きら》びやかな世界だった。豪華なシャンデリアが輝く下では、美しい女たちが裾や袖をひらひらさせながら立ち回り、政財界人たちの夜を鮮やかに彩《いろど》っていた。

生バンドがジャズを奏でている。バンドマン全員が立ち上がり、体をスイングさせながら演奏していたのを覚えている。

私は酒を飲まない。だから、酒を飲みに行ったのではない。

当時在籍していた会社の社長の言いつけで、ある金を支払いに行ったのだ。その額、なんと二百万。大学出の初任給が二万円程度のときの二百万円の現ナマであった。社長は、いまでいえば二千万円の札束を若造の私に持たせたのである。

そこで見た光景はいまでも忘れられない。

何しろ、当時の大臣が大会社の社長と歓談しているかと思うと、警視総監が暴力団の組長と楽しそうに酒を酌《く》み交わしている。当時の与党と野党の代議士同士が握手をしている。こちらでは、新聞社の社長が有名な女優を右翼の大物に紹介している。女優は、右翼に明らかに色目を使っていたが、そのうちに女の腕は、その大物の腕にからまって、二人は外に去っていった。

(なんだ、この世界は……)

しばらくして、ここがいわゆる日本の裏舞台だということがわかってきた。政治家と財界、マスコミ、右翼、ヤクザ、それらは裏側でしっかりとつながっているということを私はこの目で見てしまったのだ。

私は学生の頃に麻雀を覚え、やがて麻雀を打つことが生業《なりわい》になっていった。雀荘に入り浸り、学生で一番強いといわれ、小遣いに困ることはなかったのだが、それでも大学四年生のときには就職試験を受けた。

工学部だったから、エンジニアになるはずだった。

あるメーカーに入社が決まった。だが、入社前にその会社に呼ばれて行ってみると、若い係長が「あなたには、私の下で働いてもらいます」と言った。その瞬間、私はその会社へ入社しないと一瞬で決めた。

とっさに「こんな奴《やつ》の下では働けない」と思ったからである。

今思えば、それは正しい選択だった。

あなたにも、こんな経験があるかもしれない。

理由もない。はっきり説明できないけれど、何だか嫌な予感がする。「ああ、ちがう」と思ったときがないだろうか。**あとで振り返ったとき、そこが人生の分かれ道だったりするから、嫌な予感というものは侮れない。**

こんなとき、普通の人は予感そのものを否定して、「いや、思い違いかもしれないじゃないか。この人は付き合ってみればいい人かもしれない。辞めるとしても、入社してからでも遅くないじゃないか」と思うだろうが、私はそうはしなかった。

己の「人を見る目」を信じたのだ。

こうして入社が決まっていた会社を断って、しばらくしたある日、私はとある人物に出会った。

そして、その人物に「男の生きざま」を感じた。貿易関係の仕事をしている人だった。そのときは逆に、瞬間的にこの人の下で働きたいと思った。

何がやりたい、というのではない。この人の側《そば》にいたいというだけだった。

物事というものは、一瞬で決まる。

「あなたの下で働かせてください」

「給料はいくら欲しい？」

その社長は、自分の会社に入ることを即座に許してくれ、最初に給料の額を聞いてくれた。

「いりません」

私は代打ち稼業で稼いでいたから、給料はいらなかった。

「給料いらない？」

「はい」

そして結局、この社長の下で「十年間、無給」で働かせてもらった。秘書というポジションであった。特にこれといった仕事はなかったし、フレックスタイムでいつ出社しても、退社してもかまわない約束だった。

何も決められていないということは、やる仕事もその内容も自由ということだ。自分で決めたことを、決めただけやる。「無給」ということは、当然のことながら、どれだけやっても、どんな成果を出しても「無給」ということだ。だからこそ面白い。そう私は思った。

しかし、給料をもらっていないから、仕事はいい加減でいいと思ったことなどは一度もない。

むしろ「無給」だったから、つまり利害がからんでいなかったからこそ学べることが多くあった。

いつの間にか、人を見る目も養うことができ、相手が本物か偽物かが、わかるようになった。大人同士のやり取りも見られたし、先の夜の社交場にも行けたのである。

今あなたは、「無給で働いてもいい」と思える仕事をしていないだろうし、そんなバカなことをしたくないという気持ちはよくわかる。

だが、**失うことを恐れ、ただひたすら得ることばかり考えていると、給料以外の大事なものが見えなくなることは間違いない。**

だから、上司に「あなたは、誰から給料をもらっていると思っているんだ」と怒鳴られる前に、せめて、「この仕事ならば、残業代もいらないから、やらせてください」というような感覚だけは、持ち合わせておいたほうがいい。

無理強いはしないが、本当は「無給」ぐらいが一番いいと思うのだが。

気がついていない人がほとんどだが、現代人は求めるものがあまりにも多い。だから、あなたもどこかで「欲しがり病」にかかっているのかもしれない。会社で地位や名誉を欲しがり、お金を欲しがり、愛をも欲しがり、あらゆるものにたかっているとは思わないだろうか。

逆に「求めない生き方」をしようとすると、無から有を生み出す面白さがとてもよく見えてくるものだ。

福沢諭吉は、『人生訓』の中で、こう書いている。

世の中で一番尊いことは、

人のために奉仕して、決して恩にきせない事です。

普段から、さまざまなことを足し算でなく、引き算で考えておく。そうすれば、いざ何か決めなければいけないというときに、きっと役に立つだろう。

プライドに縛られていないだろうか

「あっ、お獅子だ。正月のお獅子が来た！」

「ほんとだ。お獅子だ、踊れ、お獅子！」

もちろん、正月ではないから、道場に獅子舞など来るわけがない。

獅子に似た不細工な顔の男性が取材で道場に入って来て、私が「おっ、お獅子が来たぞ！」と叫んだら、道場生のみんなが口々に勝手なことを言ったのだ。

頭髪の薄い人が来れば、「おっ、カッパが来たぞ」などと私は大声で呼びかける。すると、道場生たちは「うあー、本当だカッパだ」「カッパは実在した！」などと言いながら、大笑いをする。知らない人が見れば、不思議な光景だろう。

もちろん、道場に来た人が、自分の欠点を笑われて怒る人かどうかは私が判断しているから大ごとになったりはしない。

実は、私の道場では、お客さんに対してばかりでなく、道場生同士でそうした「罵倒ロワイヤル」をやらせている。

だから、彼らは、私の合図をきっかけに、お互いの弱点、差しさわりのある部分をどんどん攻撃し合っている。わざと怒らせるように仕向ける子もいれば、ワイワイ言っているわりに効果のない子もいる。

逆に、言われるほうもさまざまだ。

もちろん、人間誰しも、自分の弱点を徹底的に責められて面白いわけはない。しかし、言われたほうがどのように罵倒を受け取るか、それを見ているとどんな子かすぐにわかる。

「何が一橋大学だ、一橋のどこが偉いんだ。言ってみろよ、どこが偉いか。おい、お前は俺たちより何が偉いんだ」

「偉いなんて言ってませんよ」

「じゃあ、偉くないんだな、偉くないんなら、大したことないんだ」

「何で、そこまで言われなきゃいけないんですか」

「だって、別に偉くないんだろ。いま言ったじゃないか。あっ、こいつ、ウソ言ったんだ、何でウソ言うんだよ」

「ウソじゃないですよ」

「何、ムッとしてるんだよ。バーカ。お前、本当はバカじゃないの」

ここまでくると、言われた方はカーッとなり、キレる。

「俺はお前を絶対に許さないからな！」

ここで私が待ったをかける。そして、一橋大生を呼ぶ。

「おいおい、そんなつまらないこと言われて、カーッとなるところを見ると、まだプライドが許さないいってことだぞ。それがないと生きていけないのか」

もちろん、攻撃しているほうも私がいるからここまで言えるのであって、私のいないところでこんな口論をしたら、殴り合いになるだろう。

「はい、すみません」

一橋大生は私には謝ったが、まだ怒りの炎は消えていなかった。


私が、なぜこんなことまで道場生たちにさせるのか、おわかりだろうか。

それは、彼らにここまでの人生で親や学校の先生から与えられたこと、自分で身につけた価値観、そうしたものを一切捨て去った状態になってほしいからだ。

道場にやってくる子は、それまでの人生でがんばってきた子が圧倒的に多い。学業においてもトップクラス、親の期待に応えようと、がんばって、がんばって、世間から褒められてきた子たちばかりだ。

だが、世の中はそうはうまくいかない。勉強ができたって、どんな学歴だろうと、仕事ができなければ相手にされない。どんなにがんばったところで、コミュニケーションがうまく取れなければ、社会ではうまく立ち回れないからだ。

また、がんばろうと、適当にうまくやろうと、会社にとってみれば利益を上げてくれれば文句はない。学歴も努力も関係なし。真面目か不真面目かも無関係。人の評価は、いわばすべて結果論だ。

私のもとに集まる子たちは、その点うまく社会と折り合いをつけられないタイプが多い。

「子どもの頃から一生懸命がんばって生きてきた？　そんなのが何になるんだい？」

私も彼らのしてきた努力をさほど評価しない。そして、こうも言う。

海にいるサメが生きる上でがんばっているだろうか？　ワカメはがんばろうって生きているだろうか？　がんばりなんてものはニセモノだ。がんばろうとしないことの方が、はるかに素晴らしい。

利口になるより、バカになれ！　バカになれたら楽になれる。人に笑われる人間になったとき、あなたは一人前だ。

そういったことを知ってもらうために、仲間にあえて指摘してもらうわけだ。そして、「罵倒ロワイヤル」の末、何もかも捨て去ってバカになれたときになって初めて「俺って、今までで何やっていたんだ」と気がつく道場生は多い。素っ裸になれる。プライドを持たない真の強さが身につく、というわけである。

余計なことを考えていないだろうか

「会長、こんにちは」

「おー、元気か？　どうした表情がないぞ！」

「はい、もう一回言わせてください。会長、こんにちは!!」

「よくなったぞ。笑えばかわいいじゃないか」

迎える仲間も、「おー、その顔だ、その顔」などと茶化している。

先の一橋大生は、みんなのおかげで持っていたプライドを捨て、素の自分になることができ、今ではこんな感じで、楽しく道場に通ってくる。

「バカだ！」と言われて、カーッとなって「絶対にお前を許さない」と言ったのがウソのような穏やかさだ。

彼にかぎらず、私の道場に来ている道場生には、有名大学出の子がたくさんいる。彼らの多くは、社会にうまく適応できていない。

私が見たところ、そうした子の多くは、いつも他人の目を気にしている。

あなたの会社にも一人や二人、きっといるはずだ。入社してきたときは元気だったが、途中でおかしくなり、異性の社員から敬遠され、仲間からもなんだか変人扱いされてしまう、そんな社員がいまは多いという。

私の道場にも、人前で話すのが苦手だという子がいた。彼はとてもいい子なのだが、どうも他人の評価を意識しすぎていた。

「僕は話すと変なことを言ってしまいそう」だとか、「みんなに笑われちゃうから」という理由で人前で話すこともままならなくなっていた。

こういう子たちは、どうしたら治るか。

それには、**考える暇を与えないで、瞬間的に行動に移させることだ。**ちょっとでも時間を与えると、「大丈夫だろうか？」という不安が襲ってくるからだ。

そのために、彼らに麻雀をやらせてみる。**それも、ツモったら1秒で捨てるという規則でやらせる。**麻雀は単純に考えれば、牌を入れ替えるだけのゲームだ。

だから、1秒で牌を捨てることは不可能ではない。

牌を持ってきたら、サッと捨てる。

この感覚を麻雀で養っているうちに、余計なことを考える暇なく、会話が続くようになるのだ。そして、**頭で考えないで、感じて動くことができるようになる。**

先の「僕は話すと変なことを言ってしまいそう」だった子も、今では仲間と平気で話せるようになり、徐々に明るさを取り戻してきた。

あなたにも、ぜひこの感覚を身につけてもらいたい。これは、瞬間的判断を養うのにかなり役立つからだ。あなたが麻雀をやったことがあれば、このツモっては捨てるという、牌を入れ替える感覚がわかるだろう。麻雀を知らない人は、トランプのババ抜きの感じでもいい。

これを会話でやってみるのだ。

「今日、この仕事やってくれる？」

「はい、やります」

「これ、総務部に届けてくれないか」

「はい、承知しました！」

たとえ、その瞬間自分の予定があったとしても、とっさに答えて、すぐに体を動かす。頭の中は仕事の内容、届ける書類が何であるか、理解している。これが麻雀でいう1秒で牌を入れ替えるのと同じことだ。この繰り返しが、実はとっさに何をすべきか、すぐにその場で決断できるかという感覚を訓練していることになるのだ。

これが仕事でなくても、あらゆる場面で同じようにできれば最高だ。

たとえば奥さんが、こう言ったら、どうだろう。

「あなた、早めに会社を退社して、保育園に行って」

「OK！　子どもを迎えに行って連れて帰るよ」

あなたが余計なことを何も考えずに、そう言えるような人であれば、いずれ大きな仕事の決断がまかされるかもしれない。

一般的な人の動きは、だいたい脳から体に「うねり」のように伝わるのだが、この訓練によって体全身のネットワークが、魚の群れが一斉に向きを変えるようにサッと反応できるようになる。

水族館で魚が一瞬で向きを変える姿、あの感覚で仕事をしてみよう。

上司に言われたら瞬時に答える。魚のように動く。とにかくこのスピード感を身につけること、これが実は瞬時に最良の判断ができる訓練になっているのだ。

他人の評価を気にしすぎていないだろうか

会議がはじまって、もう1時間経った。

意見が煮詰まっている。展開は嫌な流れだ。

(こんなことを言ったら、みんなに笑われるだろうな……)

上司や大勢の先輩たちの顔を眺めながら、会議の席で、あなたはそんなことをふと思ったことはないだろうか。

(でも、このままの流れで行っちゃうとまずいよな……。誰か反対してくれれば同調するんだけどな……)

「意見はありませんか？　なければこれで会議を終わります」

結局は逡巡《しゅんじゅん》しているうちに、会議は終わり、何となく、もやもやしたままで会議室を出た経験はないだろうか。

（まあ、いいか。何か機会があったら、今度こそ勇気を出して言おう……）

こういうことが、実に多くあるような気がする。

私はそういった、言いたいことがあるのに言わないということができない。

先日も、誰かが民主党（現民進党）の悪口を言った。私は放っておかなかった。

「あなたは選挙に行きましたよね」

「行きましたよ」

「民主党に入れたって言ってましたね。だとしたら、文句を言ってはいけませんよ。期待したんでしょ。それならあなたのほうが間違っていると思いますよ」

私は言うときは、普通の人の十倍は言いたいことを言う。

「だったら、会長はどうなんです。選挙に行かれたのですか？」

「行きましたけど、立候補していない人の名前を書いて投票しました」

「じゃあ、無効票じゃないですか」

「入れたい人が立候補していないんですから、しょうがないじゃないですか」

これが私の論理だ。選挙には行く。入れたい人がいたら投票する。その人が受かっても落ちても、自分の問題として考える。私たちの用語でいう「ケツを取る」、つまり責任を取るということだ。

ところが、投票したい人がいない。だから、自分の知っている人で「この人に議員になってもらいたい」という人の名前を書いた。ただ、それだけだ。

「この中から選びなさい」というので、仕方なく一人選んだんだけど、選ばなければよかった、というのではいかにも情けない。

応援しておいて、悪口を言う。

そういうことが最近の世の中では多すぎないだろうか。原発に賛成しておいて、肝心なときになると、口にチャックをする人の多いのには驚いた。福島原発事故の責任は、結局誰が取るのだろうか。

私は言いたいことはきちんと言うが、その「ケツは取る」。

だからと言って、これまで人間関係が悪くなったことは一度もない。なぜなら、私は常に本音でしゃべっているからである。これが、相手のことを思っていなかったり、駆け引きだけでしゃべっていれば、必ず反発されるはずだ。

もちろん、私に計算や駆け引きなどあるわけがないし、まして、人に好かれようと思ってしゃべったこともない。もちろん、相手によって言うことを変えたりはしない。

そもそも、すべての人に好かれようという発想が間違いなのだ。悪く思われても気にしないくらいの姿勢のほうが心情的にも健全だ。

私の道場では、麻雀の試合に「自己評価」という視点を取り入れている。それまでも獲得した点棒の数とは別に、雀鬼・桜井章一流の麻雀をどれだけ実践できたかを、私が評価して点数をつけていたのだが、新たに自分で自分のできを採点させてみようと思ったのだ。

もちろん評価点は高いほうがいいのだが、それよりも大事なことは私の評価点と自己評価点がどれほど合致しているかということだ。ここで大事になるのが「客観的な視点」である。

いかに冷静に自分を客観的に正しく見られるかというクセがつけば、自分だけの世界ではなく、まわりの人の環境も含めた大きな視野で、自分の存在を確認できる。

たとえば、ビジネスの世界で言えば、この仕事は自分にしかできないと思っていても、少し視野を広くすれば「ああ、彼もできるし、彼女にもできるな」ということが見えてくる。

また、会議でも会議室から少し視野を広げて、社内全体、さらには業界、社会、日本全体から見た自分を想像できれば、自分の意見が、どういったものなのかがよく見えてくるし、その際の他人の評価についても冷静に耳を傾けられることだろう。

ただ「我慢」することがいいことだと思っていないだろうか

ある若手の会社員が、四年勤めた会社を辞める決心をした。

辞めるのが多いのが、今は入社三、四年未満とよくいうが、彼もその例に漏れなかったようだ。

すると、それを知った職場の二年先輩の社員も「いい機会だから、俺もいっしょに会社を辞める」と言いだした。

理由は同じではなかったが、同じ課で同時に二人が辞表を出せば、課長は「部下監督不行届き」で、社内で問題になる可能性がある。一年間に二人ならまだしも、一度に二人はまずい。

そこで、課長は二人に事情を聞き、部長に相談をした。

その結果、最初に辞めると言った社員は退職届を受理し、先輩社員の方は半年間、何もしなくても給料は払うから、「退職は半年後にしてほしい」と頼んだ。一度に二人も辞めるより、半年空けば、何とかまだ説明はつく。明らかに上司の保身である。

あなたが、この場合の先輩社員だとしたら、課長が提案してきたこの出処進退をどう「決める」だろうか？　後輩と同時に辞めるか、それとも課長の話に乗るか。

まさに、鍵はあなたが握っている。

拒めば、課長は「監督不行届き」。もしくは左遷か異動。会社というところは残酷なものだ。部下が同時に二人辞めただけで上司の運命が揺らぐのだから。

課長は必死であなたにすがる。あなたが持っている退職届を会社に提出せずに、課長の懐に預ければ、六カ月の自由と給料が保証され、その間に次の仕事も探せる……。

実際、彼はどうしたか――。

(別に辞めたって、すぐにやる仕事もない。六カ月、働かなくても給料がもらえるなら、退職するのは半年後でいいか)

そう判断し、すべてを課長に委ねてしまったのだ。課長はほくそえんだ。これで問題は解決した。その晩、課長は部長と乾杯した。「よくやった」と言われて。

課長、部長を騒がした罪は重かった。たしかに、半年は給料をくれたが、五カ月目くらいから、やんやの退職の催促がはじまった。さらには嫌がらせも続いた。そして、次の就職探しどころか、石持て追われるがごとく、この先輩社員は去っていった。

最初に辞めた社員は、この半年の間に起業し、辞めた会社との取引にも成功し、その才能を生かしてその後も社長として活躍し続けたが、あとから辞めた先輩社員は、どこで何をしているか行方知れずになってしまった。

聞くところによれば、故郷の北海道に帰ったという話である。


昔の「道歌」（戒《いまし》めのための和歌）に、こんなのがある。

堪忍の袋をつねに　首にかけ
破れたら縫え　破れたら縫え

意味はおわかりだろうか。

我慢に我慢を重ねたが、とうとう「堪忍袋の緒が切れた」という言葉の逆で、どんなに堪忍袋が破れても、破れたところを縫いながらとにかく我慢をすると、「きっと最後にはいいことが待っている」ということを教えている歌なのだ。

この歌を戒めとして守ってきたわけではないだろうが、古来より日本人ほど我慢強い民族はいないことは、東日本大震災でも全世界から賞賛されたことでよくわかる。

食料の配給でも、雪の中きちんと列をつくって、被災者が並んで待っている姿は、同じ日本人でも、感動したほどだった。

私が道場生とともに被災地へボランティアに向かったときも、彼らは私たちの持って行ったものを喜んで受け取ってくれたが、その姿は涙が出るほど謙虚で、静かだった。

私たちは子どもの頃から、何か我慢をすると、「よく我慢したね。偉かったよ」と褒められてきた。

欲しいものがあっても、決してねだることなく我慢した健気《けなげ》な体験を持っている人も多いだろう。お客さんがいるときは、盆皿に載った菓子にも手を伸ばさなかったし、いただきものは、まず仏壇に供えた。

まして、私たちが子どもの頃にはテレビなどは金持ちの家にしかなかったが、子どもたち誰一人として、親に「テレビが欲しい」と訴えることはなかった。それは、それでいいことだったと思う。子どもには、我慢する気持ちも教えておかなければならないのだから。だが、私から見ると、その美徳が日本人の決断力を鈍らせてしまっているように思えてならない。

我慢をすれば「いい子だね」と褒められるので、我慢はプラスのものだと思い込むようになる。それがやがて、そこから**「我慢を重ねれば報われる」という錯覚が生まれ、本当に大事なところで意見を言えなくなってしまう人間があまりにも多いのだ。**必要以上に欲しがってばかりいるのも問題だが、ここ一番というときに我慢するのも私にしてみれば改めるべき点に思える。

先の先輩社員が、なかなか決められなかったのは、かつて我慢をしたことを褒められた体験が、彼の脳に刷り込まれていたからではないか、と私は思う。

「ここはひとつ我慢して、課長の言うことを聞いて、顔を立てておけば、あとあと、いいように転ぶだろう」

そうした考えが判断を狂わせ、その後の人生までもおかしくさせたのだ。

とにかく偉くなりたいと思っていないだろうか

ところで、あなたは将来自分が今勤めている会社の社長か、もしくは重役になりたいと思ってないだろうか？

私はとくに大きな夢もなければ、強い願望も向上心もない。麻雀の代打ち勝負をしていた頃でも、「今日はいい勝負だったな」と思うような気持ちの繰り返しで、金を儲けたいとか、有名になりたいとか、大きな仕事をして認められたいなどという気持ちなど、さらさらなかった。

私をモデルにした映画もつくられたが、あくまで映画であって、実際の私とは関係がないと思っていたし、それで有名になったわけでもない。私は少し前から単なる「雀荘の親父」でしかないのだ。本も一年に十数冊出しているが、勝手に出版社の編集者とやらがやってきて、「話せ」と言うから話すと、それが本になっているだけだ。

言うまでもなく「雀荘の親父」というのは、かなりイメージが悪い。何も生産していないだけでなく、そこに集まって来る客もロクなものじゃない、と思われている。

試しに、真面目な奥さまたちに聞いてみてほしい。「雀荘の店主って、どんなイメージですか」と。「スナックのマスター」のほうがまだ働いている感じがするはずだ。会社でも課長や部長に聞いてみたらいい。「雀荘の親父の書いた本を読んでみませんか」と。おそらくあなたは鼻で笑われるだろう。

つまり、私の職業は世間的にまったく評価されていない。もちろん、自分でも立場がよくわかっているから、夢もなく金を儲けたいとも思わない。要するに、ただの「雀荘の親父」であり、それ以上でもそれ以下でもない。

話を冒頭の質問に戻すが、もしあなたが本気で「出世したい。いつかは社長になりたい」と答えたとしたら、この本を読まずに今すぐ捨ててほしい。

言っておくが、私はあくまであなたを「まともな」人間として考え、私なりの持論で、かなり真面目に答えている。

たとえば「僕はとにかく出世して社長になりたいんです」などと言われたとしたら、もうお手上げだ。あなたの望みに答えてくれるハウツー本はいくらでもあるから、そっちを読んでほしい。もっとも、「あなたも社長になれる」という本を読んで社長になれれば、みんなとっくに社長になっているし、第一、その本の編集者は会社で社長になっていなければおかしいはずだが……。

話を元に戻そう。あなたを「まともな」人間だと信じよう。だとしたら、「まともな」人間は、会社の重役や社長にはなれないのだ。「ならない」のではなく、「なれない」のである。言い方を変えれば、サラリーマンで「まともな」考えを持っていたら、絶対に偉くなどなれないということである。

それでは、ここでいう「まともな」考えとはいったい何か。

ウソはつかない。他人のために自分を犠牲にする。困った人を見たら積極的に助ける。自分は騙されても、人を騙さない。決して出しゃばらない。年上を心から敬《うやま》う。お金で心は買えないと思っている……。

もし、あなたがそういう考えを持っていたら、人間としては、とても「まとも」だろう。だが、企業人だったら「失格」だ。

よく考えてほしい。

会社に雇われているということは、ある程度の安全、安定を得ることと引き換えに、自分の身を売っているということだ。毎月、給料は振り込まれるし、年金だとか福利厚生も手厚いだろう。

しかし、そうした生活の保障の代価として、会社に自分の身を管理され、とても長い時間を拘束されている。

だとすれば、あなたが会社のために働かなければならないのは、当然のことだ。

会社は、法律の範囲内なら、儲かれば何でもありの世界だ。そのために苦しむ立場の人間が出ても利益が上がればそれでいいとされている。

気づいていないかもしれないが、会社のために働くということは、誰であろうと「加害者」にもなるということだ。少し補足をすれば、あなたの会社が儲かっている裏には、儲かっていない同業他社がいくつもある。

たとえば、スーパーと商店街の関係を考えてみれば、すぐにわかるだろう。あなたが大型スーパーの社員だとしたら、商店街の魚屋さんは、明らかに「被害者」だ。

あなたの会社が儲かれば儲かるほど、その裏で商店が次々につぶれていく。

そうした組織の社長になるとすれば、あなたのまわりに死屍《しし》累々、つまり多くの人々の犠牲がなければ、絶対に社長になどなれないのだ。

誰かのために犠牲になれる人が、社長になれるわけがないし、困った人を助けるような人も社長には向いていないのだ。

昔から、こう言われているのを知っているだろうか。

勝者は、敵をつくり、
敗者は、友をつくる

つまり、あなたが社長になった暁には、一人も信用できる仲間がいない、ということである。だから、「まともな」人間は、社長には向いていないと言ったのだ。

そう考えると、会社で出世を考えるならば、そう簡単に決断してはいけない、ということになる。次の社長、次の次の社長は誰か、その家族構成はどうなっているかなどと考えながら、慎重に判断、いや、立ち回っていくようなタイプが出世するのだろうから。

出世したいと思っている人は、何事も勝手に自分で決めてはいけない。

その意味で、この章の「なぜ、あなたは自分で決められないのか」の答えは、「出世したいから」が答えのひとつと言えるかもしれない。

力が入っていないだろうか

先日、私は東京・後楽園ホールのリングに上がった。

私が贔屓《ひいき》にしていた総合格闘家の引退試合後のセレモニーに呼ばれたからだ。小路晃《しょうじあきら》という男だ。おそらくあなたは知らないだろう。

メイン・イベントで彼は登場した。小さな体と大和魂で、外国人と渡り合ってきた格闘家で、「ミスターPRIDE」「最後の日本男児」と呼ばれた男だった。

引退試合を迎える小路は、自ら望んだ介錯人《かいしゃく》である三崎和雄を相手に現役最後の一戦を行った。

白い柔道着に黒帯を締めた小路は、太極拳のように上下に腕を動かした。しかし、三崎はそんな不思議な構えにも委細かまわず、圧力をかけた。二ラウンド、三崎のローキックで体勢を崩した小路は、倒れたままパンチを食らい続け、まったく動けず、ここでラスト・ファイトのゴングが鳴った。

よくやったと思うし、相手になった後輩の三崎がまったく手を抜かなかったのが何より格好よかった。

彼らが若いとき、よく練習場に遊びに行って、リングサイドで練習を見ていたが、そのうち、私もいつの間にか、リングの中で技を教えていた。一〇〇キロは超える男たちに指導するのだから、私は汗まみれになり、帰りによく服を新調して帰ったりした。

私がなぜ、そんな話をするかというと、頭と肉体というのは連動しているということをあなたに言いたいからだ。

たとえば、体重一〇〇キロはあるプロの格闘家が、六〇キロそこそこの私に押さえ込まれて、まったく身動きできなくなる。もちろん、力で押さえているわけではない。

体から無駄な力を抜き、相手と一体になることで、攻めてくる力をそのまま相手に返しているのだ。

あなたは、赤ちゃんは軽いと思っていないだろうか。だが、熟睡した赤ちゃんはかなり重い。それは、赤ちゃんの体重がすべてこちらにかかってくるからである。

それと同じで、人間はすべてゆるんだ状態が一番強くなれるものなのだ。

これは、精神面でも同じことだ。**どこか力が入ると、人間は正直でなくなる。**たとえば、会議で無理に自分の意見を通そうとすればするほど、ウソが入り込む余地ができる。

いわゆる「ムキになる」と、場の流れがおかしくなるのと同じことだ。

そんなときに、何か物事を決めてはいけないことは明らかだ。「これは、こうであらねばならない」と力が入れば入るほど、それはウソっぽく聞こえる。

だから、本当に正しい決断をしようと思ったら、心も体もゆるませておいたほうがいい。

いい話がある。武術家の甲野善紀《よしのり》さんから聞いた中に、こんな話があった。その世界で誰もが知っているような名人のところに、一人の武芸家が挑戦してきた。その武芸家は凄《すさ》まじい特技を持っていて、それさえ決まれば、名人にも勝てると思われたのだが、簡単に負けてしまった。

「恐れ入りました」と、武芸家が頭を下げると、名人はこう言ったそうだ。

たとえて言うならば、あなたは一本の大木だ。たしかに噂通りすごい。だが、嵐が来れば大木は倒れる。しかし私は林だ。どんな嵐が来ても、林全体が倒れることはない。

何かを決断しなければならないとき、自分の体を一本の大木のように固くしてしまうか、心を何でもないただの林のように保つか、どちらがいい結果となるかは明白であろう。何事にも力まずに対応すれば、その状況に応じて臨機応変に対処できる。

大事な意見を述べる前に、木漏れ日の中の林の姿を思い出し、全身の力を抜いてみよう。きっと楽になり、すがすがしい気持ちで自分の考えを相手に伝えることができるだろう。

大事な決断は、林のように――。

この言葉を胸に秘めておいてほしい。

応援してくれる「仲間」がいるだろうか

少し話題を変えよう。

私は、毎年夏になると道場の若者たちと海に遊びに行く。

これがとても楽しい。まだ、海には着かなくとも、心はすでに浮かれている。何も考えない。ただ、道場生たちとバカなことを言って笑っている。あなたにも、そんな私の思いがわかるだろう。好きな連中との旅行、それだけで心は弾むものだ。

車の窓から海の風が入ってきて、気持ちがいい。潮の香りが目的地に近いことを知らせてくれる。そして大きく深呼吸する。

宿に着くと、みんな先を急いで水着になって、海岸に向かって走って行く。海に行けば、誰が一番長く潜っていられるとか、誰が魚を多く獲れるかなど、実にさまざまな遊びをする。私は六十代半ばを過ぎているが、まだまだ二十代の連中にも負けない。

彼らは、すでに潜ってバチャバチャやっている。私は、彼らよりだいぶ遅れて岩場からようやく腰を上げ、海に入っていく。

私がいったい、何の話をしようとしているのか。それは「友だち」と「仲間」のちがいの話だ。

断っておくが、私にはいわゆる「友だち」はいない。自分でも持たないようにしている。「友だち」とか「友情」などという言葉は、ナポレオンではないが、私の辞書にはない。

なぜなら、「友だち」というのは、よく考えてみれば、お互いに都合のいい関係にすぎない。男と女の関係も「友だち」からというが、うまくいけば「恋人」、そうでなければ簡単に「他人」になってしまう。「友だち」に裏切られた、と自殺する子もいる。もともと「友だち」は、お互いにとって都合がいいことだけでつながっているから、そうでなくなれば簡単に裏切ることができる関係なのだ。

だから私は「友だち」を信じない。

そのかわり、「仲間」を信じる。「仲間」というのは、輪になっている関係だ。「仲間」の中には、当然、意見の合わない人もいるし、気に食わない奴もいる。だが、そうした個人的な感情を超えてつながっているのが「仲間」なのだ。

だから、時には、「仲間」同士でケンカもする。それでも、「仲間」は「仲間」なのだ。

「友だち」だとそうはいかない。下手をすれば、一生絶交ということだってあり得るだろう。


私にとっては、もちろん道場生も「仲間」だが、私が社会で知り合った人たちも、私のかわいい孫も、みんな私の「仲間」だ。数えたら「仲間」は百人以上はいる。

「仲間」の良さは、一人ではできないことが「仲間」がいればできるということだ。

大震災のボランティアに行ったのも、一人では無理だが、「仲間」がいるからできたのだ。


あなたには「仲間」と呼べる者がいるだろうか。

同じ志を持ち、いざというときにあなたの活動を支援してくれる「仲間」がいるのであれば、きっといい決断もできるだろう。たとえ、その場にいなくとも、心の中で、彼らがあなたに無言の後押しをしてくれるはずだから。

「俺にはあいつらがついている。だから、ここで決めなければ……」

私がいい決断をできるのは、一緒にワイワイ騒ぎながら海に行くようないい「仲間」がいるからだ、ということでもある。

覚悟が決まっていないのではないだろうか

あれは、いつだったか。深夜、家に戻ると三男が待っていた。いつになく思いつめた顔つきだ。

「どうしたんだ？」

「お父さん、相談がある」

聞けば、暴走族から恐喝されたという。そのうえ、仲間が金属バットで殴られたと。当時、三男は、まだ中学生か高校生だったと思う。

「暴走族から、今すぐ二万円持って来いと言われているんだ、どうしたらいい？」

三男の目が恐怖に怯えている。

「そうか、場所はどこだ。お父さんが一緒に行ってやる」とすぐに決断し、たまたまいた長男に車を運転させ、待ち合わせ場所の駐車場に行った。深夜、車のライトがまぶしい。霧が出て来たようだ。

私は一人で車を降りた。

見渡すと、暴走族は十人以上いた。私はゆっくりと歩きだした。行くと、向こうも私の醸し出す雰囲気でわかるのだろう。四、五人が今にも飛びかかろうという、まさに一触即発の状態だった。

私は決して引かなかった。飛びかかってきたら相手の腕の一、二本叩き折ってやろうと思っていた。アタマを目で探した。アタマというのは、暴走族のリーダーである。アタマと話をつければそれでいいのがケンカのルールだ。

（あいつだな！）

私は、そいつを睨んで、おもむろにポケットからタバコを出した。そのとき、アタマが言った。

「お前は、誰だ」

静かな声だった。若い割にはしっかりしたリーダーだな、と思った。タバコに火をつけ、フーッと一息吐くと私は言った。

「お前に二万円持って来いと言われた子どもの父親だ」

私も静かに言い返した。

「ふーん、そうか。でもな、親が来ようと来まいと、俺らはあいつに用があるから、あいつをやっつける」

あくまで、息子を許さないと言う。

「そうか。じゃあ、やってみろよ」

アタマはしばらく黙ったあとで、ニヤッと笑った。

私はもう一服吸って、タバコを靴で踏みつぶした。それで話はついた。

「もういい、行くぞ!」

リーダーのひと言で、暴走族は駐車場をあとにした。

もちろん、この年で十数人を相手に立ち回りをしたら、そうは簡単には勝てないし、相手が武器を持っていたら、私は倒されていたかもしれない。しかし、人間ここ一番では命を張った勝負に出なければならないときが一度はあるものだ。

特にこのときは、子どもの前だ。変に話をまとめようとしたら、きっとぶっ飛ばされていただろう。体を張って、子どもを守るという強い覚悟が私にはあった。

ここが大事だと私は思う。

あなたにもいつかその場面はやってくるだろう。もちろん単純な暴力うんぬんという話ではない。

命を張って決断しなければならないときが。

私のあの夜のように、あなたにも相当の覚悟を持って対処しなければならない瞬間が、人生には必ずやってくる。

その日のためにも、あなたは心も体も鍛えておく必要がある。

人生からは、決して逃げられないのだから。

そして、この章の最後に言っておく。

ここ一番という局面で、逃げるという決断だけは絶対にすべきではない。こうした普段の一つひとつの決断がすべての運に左右してくる。それだけは忘れないでほしい。

第3章

仕事人として決断する

公私のバランスは「私」の部分で埋めていけ

仕事であろうが、プライベートであろうが、「できる」人間というのは、瞬時に動くものだ。

そうはいっても、本当の「できる」人ほど、実は多くの悩みを抱えている。

なぜなら前にも書いたように、会社の仕事というのはあくまで利益を追求するものであって、「できる」人は、自分が常に損得だけの世界にその身を置いていることを知っているからである。

（自分は、これでいいのだろうか？）

これが「できる」人の悩みである。

これは、国にしても同じである。

あの湾岸戦争で、フセイン率いるイラクをアメリカが攻めたのも「国策」だし、アフガニスタンやパキスタンを攻撃しているのも国の「正義」である。

ビンラディンを捕らえ、裁判にかけるかと思いきや簡単に射殺してしまう。それに歓喜の声を上げるのも、アメリカの「正義」である。

私に言わせれば、他人が住む国を攻撃して「正義」もクソもあるものか、と思うが、国に「国策」があり、そこに「正義」が存在するように、会社にも同様に「社策」があり、そこにも損得に基づいた「正義」が存在する。

かつての日本で起こった水俣《みなまた》病をはじめとする数々の公害も、サリドマイドやＨＩＶの薬害も、そして今回の原発事故のドタバタも、間違いなく会社の「正義」や「社策」がもたらしたものである。

言葉を変えれば、会社の「正義」とは、基本的に儲かれば何でもありの世界だ。そして、「正義」を貫く「社策」のためには、「できる」人は上司に差しさわりのない言い方をしたり、「できる」上司はバカな部下でも何とか褒めながら使ったり、また、「正義」のために下請け会社に金をちらつかせながら、無理を言ったりしている。今回の原発事故の末端で、どんな人たちが最前線として働いているか、想像してみたらよくわかるだろう。

「この仕事をすると、犠牲者がたくさん出ますけど、それでいいんですかね」

「いいんだよ。そんなことあまり考えるな」

「できる」上司と「できる」部下は、こうした会話をしなくとも二人ともわかっている。お互いにそのことがよくわかっていながら、何事もなかったかのように平気で仕事をこなしている。

しかし、そのことが自分にとって汚いことだということを本当に「できる」人間は知っているものだ。自分では手を汚さずに、金を払って下請けにやらせてしまっているという良心の呵責もある。

それも、仕方がないことだ。

仕事ができる人だからこそ、感じる悩みなのだ。だから、そういう人こそ仕事を離れたときにこう考えてほしい。

一日の仕事が終わり、自分を取り戻すのが「家庭」というもので、「できる」人にとって実はこの家庭が大事なのである、ということを。

公私の別でいえば、仕事を「公」とすれば、プライベートは「私」である。

できる人は、家に帰ったら風呂に入るように、先の会話のように「公」で汚れたと感じるのなら、「私」で自分の心を洗うようにすればいい。

ところがこれは、なかなかできない。

家に仕事を持ち込んだり、「公」の要領で「私」もふるまってしまう。家から会社に電話してしまうのもそうだし、休日なのに、上司とゴルフに出かけて、子どもとのふれあいをあと回しにするのも同じで、「公」が「私」の部分に入り込んでしまっているのだ。また、奥さんと一緒に上司の家を訪問したりするのも「公」の部分があまりにも「私」の部分に入り込んでいる。

どんなに仕事ができる人でも、これではどうにもならない。

では、どうしたら、「私」の部分で「公」の汚れを取り、バランスを取ることができるだろうか。

簡単な方法がある。

「私」の部分を、もっと意識して徹底するのである。

休日は、何があっても仕事と縁を切る。仕事関係の電話には一切出ず、メールなどもチェックしない。もちろん、頭の中から仕事のことは一切外す。

そして家庭サービスに徹する。ボランティア活動をする。旅行に行き、海や山の大自然とふれあう。地元の祭りやイベントに参加する。趣味に没頭する。家族のために料理をする。

できる人を目指すのであれば、こうして公私のバランスを取りながら、自らの汚れを取り除き、翌朝すっきりとして出社し、再び「公」に徹するのだ。そうすればまた「公」で汚れても、悩みは少なくて済む。

逆に言えば、こうした「私」の部分の時間をうまく取れない人、あるいは、「公」の時間に平気で「私」を巻き込んでしまう人の多くが、いわゆる「できない」人なのである。

人間は「表裏」があって当たり前

あるとき、私にテレビ出演の依頼が来たことがあった。

人気コンビの爆笑問題が司会する番組で、毎回ゲストに話題の先生とやらを呼んでいた。

「出ていただけないでしょうか」

「雀荘の親父なんか、出演してもいいのかい？」

「はい、ぜひお願いします」

私がその番組のゲストにふさわしいかどうか別にして、担当者が一生懸命だったので、出演を了解した。

ところが、実際は大変だったらしい。

私が危惧した通り、そのテレビ局のトップの局長が「どうして雀荘の親父なんかを人気番組で呼ぶのだ」と怒ったそうだ。

そりゃ、そうだ。私が局長でも怒る。ひょっとしたらこの本の出版社だって、上層部の人たちはそう思っているかもしれない。

「何で、雀荘の親父の本をウチから出さなければいけないのだ」と。

大会社の経営者とかなら、テレビだろうが本だろうが、それこそ都知事選だろうがもっともらしく出られるかもしれないが、雀荘の親父じゃどうしようもない。しかし、それだからこそ私はずっとこのまま雀荘の親父でいたいのだが……。

さて、テレビの一件だ。局長が怒った。

しかし、番組スタッフはどういうわけか局長を説得してしまった。そのため、私は出演した。もちろん、だからといって私は彼らに感謝などしない。たまたまいい機会だから、テレビ局のカメラが実際に回っている現場で遊んできた、という感じだった。

そして、放映後、番組のスタッフたちは、腰を抜かさんばかりに驚いた。

番組を見た十代の青年たちから、放映直後、何と二千通を超えるメールが局に寄せられたからである。もちろん、番組への絶賛メールである。

その大半が「こんな大人が世の中にいてくれたことが、うれしい」というような内容だった。

若者たちは、テレビに映る政治家をはじめとした多くの大人たちの「偽善」をすべて肌で感じていたのだ。

そういう人間の「前向きの姿勢で善処します」というセリフは「やらない」ことだし、「ただいま検討中です」は「何もしない」ということだと、ちゃんとわかっているのだ。

だから私のような、本音で話したり、あえていかさま麻雀の実技を見せたりする人間に、本物の大人を感じたのだろう。

あまりの反響に、局長自らお礼の電話をくれたが、正直バカらしかった。礼などいらない。なぜなら、局長が最初に思ったことが正しいのだから。

もっとも、私も自分の話や行動が四十代や五十代の人たちでなく、十代の若者に伝わったことはうれしかった。

講演会でも同じようなことを感じる。

だいたい、偉い人が壇上で話すといかにももっともらしいが、私からすると「そんなに言うなら、自分で実際にやってみろよ」と言いたい。

大学教授の話など聞いたところで、糞《くそ》の役にも立たない。いや、糞は立派な肥やしになるからまだ糞のほうが役に立つ。

糞にもならない大人たちの都合のいい話ばかりの世の中――。

そんな世の中だから、私は若い人に向けて本気で話すし、懇親会でも偉い人などまったく無視し、若い人ばかりを自分のまわりに集めて、わいわいやってそのまま帰ってしまう。

私を呼んだ偉い人たちは、「本来なら講演など頼まないところを、私が許可したのに、何だあの態度は……」と、いかにも不満そうである。

冗談じゃない。こっちから行きたいなどと願ったわけではないのだ。

その昔、東京・新宿の紀伊國屋書店での講演に、当時一歳半の孫と一緒に壇上に上がったことがある。

「前もって言っておくけど、この子がグズったり、帰りたいと言ったら俺も帰るから」

そう言って私は講演をはじめた。孫はマイクを持って遊んだり、みんなの人気者だった。終わるとサイン会。三百人からの相手をした。幸いなことに孫は泣かなかった。

おそらく場の雰囲気がよかったのだろう。会場に集まったのが、偉そうな鼻持ちならない人ばかりだったら、孫はきっと泣いたことと思う。

これが、人間の本来持つ感性だ。汚さは伝染する。赤ちゃんはそうした汚れを一番先に感じるから、わかるのだ。

ではなぜ、若い人は私の話すことを即理解し、人生経験豊かな大人だと素直にわかろうとしないのか。

結論から先に言えば、人間にはもともと二面性があるからである。人間の心は鍋の蓋《ふた》でできている。

若い人は鍋の蓋の裏を引っ繰り返しても、まだ裏の表面が汚れておらず、表と同じであるのに対し、大人は裏がどす黒く、いろいろなコゲカスがついてしまっている。そして、それを人に見せようとしないものだ。

先に書いたように、表が「公」だとすれば、裏は「私」である。つまり、若い人の場合、「公」と「私」があまり変わらない。ましてや幼児には「公」も「私」もない。ところが、大人は「公」と「私」が別の種類になってしまっている。だから、「私」を見せるということは、本当の自分を見せてしまうということでもあるのだ。

大人はそれが怖いのである。

人間には、表裏があって当然である。先ほど話した通り「公」と「私」をきちんと分けることは大切だ。しかし、その両面を隠さずに全部さらけ出して生きることはもっと大事なことではないかと思う。

そうすれば、楽になることは間違いない。

自分は鍋の蓋の裏の部分、つまりプライベートな部分もしっかり持っているし、大事にしているのです、とさらけ出せるのなら、今よりもいい人間関係が築け、仕事にも邁進できると思うが、どうだろう。

それには、まず自分の裏、つまり「私」の部分をしっかりと構築する必要があるだろう。家に帰ったら、仕事のことは一切関係ない。遊ぶ仲間の中に、会社関係は一人も入れない。休みのときに会社から電話があっても出ない。そこを徹底することで、いまよりも大事なことが見えてくることはうけあいである。

シーソーの真ん中にいると、バランスがいい

しかし、そうは言ってもあなたたちの中にはこれは「公」なのか、「私」なのか区別がつかない場合もあるだろう。

また、「私」の時間に「公」が無理やり飛び込んできたときの対処にも困るだろうと思

う。その逆に会社に家から電話がかかってきたりして、それこそ「公私混同」してしまうかもしれない。

そんなときには、いつも「シーソーの真ん中にいる感覚」を持つといい。

今の自分が、「公」に傾き過ぎていると思ったら重心を「私」にかける。これではいかにも「私」の方に寄っているな、と思えたら「公」に少し重きをかけて行動するように意識するのだ。

そうすれば、常に今の自分がどこにいるかも確認でき、バランスも取りやすい。

このシーソーの真ん中にいる感覚は、ほかの場面でも役に立つ。

実際、右翼や左翼の思想家たちと話してみると右寄りの人は右の人とばかり話すから、極端に左の思想を否定する。同様に、左がかった思想の持ち主は右の思想をまったくと言っていいほど受け付けない。

そうなれば当然のことだが、意見は絶対に噛み合わない。

ところが、私のように右でもない、左でもない生き方をしていると、右の思想のいいところも、左の考えのなるほどと思うところも見えるし、ここはダメだというところも左も右も知っているだけによくわかる。

これもシーソーの真ん中にいるからである。

「公私」、「左右」ばかりではない。「善悪」や「損得」の判断にも、このシーソー的な感覚はおおいに役に立つ。

「この仕事はやったほうがいいか、やめたほうがいいか」の決断も、社長がはるか上から決定するのではなく、実際にシーソーの上に乗っかっている現場の課長や係長の感覚で判断するのなら瞬時に最良の判断ができると思う。いま、どちらにどの程度傾いているかは、現場が一番判断できるのだから。

先の福島の原発事故でも嫌というほど、よくわかったことだろう。大事なのは、現場だ。社長や首相が何を言おうが、現場こそが一番大事なのだ。その意味で、あなたは絶対に現場感覚を持っていなければいけない。

あなたは、こんな言葉を知っているだろうか。知らなければぜひ覚えておいてほしい。

凧《たこ》は天高く空を飛ぶが、夕暮れには土に戻る。

つまり、どんなに凧ががんばったところで、一時的には上からの景色は見えるかもしれないが最後は地面に戻ってくる。

つまり、素晴らしい理想を掲げるよりも最終的には現場感覚を大事にしたほうがいい、ということだ。

やたらと理想ばかり語って現場感覚のわからない上司に、経費節減と言っているくせに高級車で帰宅している重役や社長に、ぜひこの言葉を教えてやるといい。

私も道場生たちと被災地にボランティアで出かけたとき、道場生が私に新幹線のグリーン車の手配をしようとしたが笑って断った。それだと現場の感覚というものがわからなくなるからだ。

仲間と一緒に動くことでみんなと共鳴ができる。私も一緒になって、荷物だらけのトラックに乗って現地に行った。合計二十六時間の強行軍で私の体はボロボロになったが、それでも充実感があった。

会社の偉い人ほど、いつでも現場に出て判断すべきだと思う。

部長は「次善の王」、社長は「最善の王」を目指せ

いい機会だから、こんな話もしておこう。

これも武術家の甲野善紀さんから聞いた話だが、中国に『荘子《そうじ》』という書物がある。この本は紀元前三世紀頃、荘周という学者によって書かれた書物だそうで、日本人で最初にノーベル賞を受賞した湯川秀樹博士が愛読していたという。

その本の中に、こんな言葉が書かれているのだそうだ、

次善の王は人民に慕われ、最善の王は人民がその存在も知らず。

多くの人民が安心して暮らせるような政治を行う王様は、多くの人々に慕われる、まあ、それはそれで二番目にいい王様ということだ。

だが、世の中にはもっと素晴らしい王様がいる。

その王様がいるから、人々は幸福な生活を送っているのだが、その人はまるで空気のようで、存在しているのに誰もそれに気づかない、それが最善の王様なのだ。

「人々の上に立つ者は、こうでなければならない」というたとえだが、次善の王を「部長」に、最善の王を「社長」に変えてみると、おもしろくなるだろう。

「部長は部下に慕われ、社長は部下がその存在も知らず」

部下たちは、素晴らしい部長がいるので安心して働いているのだが、その会社の社長の存在感をほとんど感じない。

でも、こうして毎日毎日、楽しく働けるのだからきっといい社長なのだろう、と社員たち全員が思う。

そんな社長がもしいたとしたら、その人こそ最高のリーダーである、と解釈していいかもしれない。

あなたが部長を目指すのであれば、ぜひ次善の王を、社長が目標であるなら、最善の王となることを目指してほしいと思う。

「確からしさ」を捨てよう

大昔の話だが、小学校の教室の先生の机の上に花瓶があったのを覚えている。

花瓶には、数本のきれいな花が入っていた。花の名前は思い出せない。ただ瓶のまわりを小さな虫が這うように動いていたのは、鮮明な記憶として残っている。

小学生の私はその虫に見とれていた。窓からの光が、その花瓶に反射してまぶしかった。おそらく午後の授業だった。

「はい、みなさん、これは何ですか？」先生が聞いた。

「花瓶でーす」「お花でーす」という声を、みんなそれぞれがあげた。

私だけが「虫です」と言った。ちょうど先生が「これは何ですか」と言った指先に虫がいたからである。

先生は私を睨んだ。そしてこう言った。

「ちゃんと、見なさい。これはお花が入った花瓶でしょ」

私は、子ども心に「そっちこそ、ちゃんと見ろよ！」と思った。


私がわざと先生に逆らったわけでないことは、わかってもらえると思う。

だが、いま思えば先生が「これは何ですか」と言ったとたん、その答えの中に「虫」という解答がないのが世の中の決まりなのだ。むしろ、「虫」があってはいけないのである。

人はこれを「確証」と呼ぶ。確かと思えるもののことである。

この確証がないと、人間は不安になり、落ち着かない。

「これが花瓶じゃないとすると、いったい何なの？」と、ひどいときには恐怖感さえ覚える。

だが、よく考えてほしい。もともと、この世の中には確かなものなど存在しないのだ。その証拠に、この花瓶が割れたら花瓶ではなくなる。ただのガラス片にすぎない。花は枯れたらゴミだし、ガラスも粉々になれば、単なる珪石《けいせき》、珪砂《けいさ》である。製品の形になってはじめて、花瓶という名前になる。

少し前に世界的な大不況の影響で、世界に名をはせていた大企業が次々と潰れていった。何年か前には「その会社に入れば、一生安泰」と思われていた企業が消えたのだ。

また、世界史を振り返ってみれば、ローマ帝国もオスマントルコも、最近ではアメリカと世界を二分したソビエト連邦という国ももはや存在しない。ユーゴスラビアもなければ、チェコスロバキアは、チェコとスロバキアに二分された。

企業はおろか、国すらなくなるのである。つまり確かなもの、別の言い方をすれば、ずっと存在するもの、企業も国もありはしないのだ。

「この世に確かなものなどない」

そんな意識を持つだけで、人の生きざまはかなり変わってこようというものだ。

確かなものがないと思っていれば、固定観念に囚《とら》われることもなく、心に柔軟さが宿る。実はその柔軟さこそが人間を強くする。

確かなものでないものの典型は、「人間関係」である。だからこそ、柔軟に対応しなければならない。

特に会社員の社会の人間関係ほど、崩れやすいものはない。

たとえば、あなたの取引先の人があなたをとてもかわいがってくれたとしよう。だが、その人が会社を辞めた。そうなると、まったく無縁になるのがこの社会だ。

その人が自分の大事な取引先の課長だったから、あなたは付き合ったのであって、その肩書がなくなったら会う必要はもはやなくなる。

はたして、それが正しいだろうか。

「あなたはなぜ、会社を辞めた俺と以前に変わらずに付き合ってくれるんだ。いいのかい、こんなことをして。時間の無駄だろう」

「いやあ、仕事の関係がなくなって、良かったですよ。これで本音で付き合えるじゃないですか。いろいろ相談に乗ってくださいよ」

そんな会話ができる人間関係が存在しないだろうということは、よくわかっているが、私はあなたにそうした心の柔らかさを持った人間になってもらいたいのだ。

なぜなら、実はそうした柔軟性や心の余裕から、大事な決断も生まれてくるからである。

氷が溶けたら、何になる？

普通の人は、水になると答えるだろう。だが、東北の人は春になると思うかもしれない。

これがあなたに持ってもらいたい心の柔軟性である。

経済紙は読まなくていい

最近、インターネットの発達で多くの人が新聞・雑誌を読まなくなったといわれているが、どういうわけか経済新聞や経済誌だけは読者が増えているという。

会社員の社会では、人間関係を保つためにこういう習慣も大切なのだろう。

しかし、断言するがそんなものは一切読まなくていい。

私はそういった新聞・雑誌に載ったことは何度もあるが、読んだことは一度もない。

私が学生の頃、そういった経済系の新聞・雑誌はとてもマイナーな存在だった。それが、ここ数年読者を増やしたということは、いかにこの国が経済一辺倒になったか、ということを象徴している。

いや、経済紙だけの問題ではない。不確かな人間関係も含めて、いわゆる情報というものにかなりの人間が踊らされている、と言いたいのだ。

情報ばかりを追いかけていると、情報が入らなくなったときに人は不安になる。停電になった途端に明日の天気がわからなくなるのと同じ理屈である。

私にすれば、情報は追うのではなく逆に自分の体験から発信するという気持ちを持つべきなのだ。

それには、単なる知識ばかりを重視するのをやめることだ。

情報から得たものはあくまで知識であって、それをいかに口にしようと大した信用などにはならない。

会議で、「新聞に出ていたデータですけど……」などと前置きした意見には、人はさほど心を動かしはしないものだろう。「これは、私の体験から申し上げますが……」とはじめたほうが、たとえ語り手が若いあなたであっても、明らかに傾聴に値する。

ではなぜ、体験に説得力があるのか。それは、その問題があなたの中でいったん「済んでいる」からである。つまり解決している、終わっているわけだ。そうなれば、そこから出てくる意見は、あなたが冷静に分析し、判断し、反省したうえのものだ。

私はよく思うのだが、この「済んでいる」ことは、「澄んでいる」ことに通じる。つまり気持ちが淀んだり、汚れたりしていない。気持ちが澄んでいるから、堂々と話せるというわけだ。

したがって、**あなたが何かを決断するときは、決して新聞やネットのデータや知識などに惑わされてはならない**。むしろ情報などは疑うくらいのほうがいい。あくまで自分の経験、体験に基づく予測で決断をすべきだということを強く言っておく。

そして、その決断も決して目先の損得ばかりを追ってするべきではない。損得などの結果は、あなたのそうしたしっかりとした決断の積み重ねの先に本来存在するのであるのだから。

見つける力を養え

「桜井さん、シジマチシャインが多くて困るんですよ」

「シジマチシャイン？」

私は一瞬、シジマチとは、どこの町かと思ってしまった。知人の社長は委細かまわず、会話を続けた。

「最近の若い人は上司が命令を出さないと動かないですから困りますよ」

「ああ、それで指示待ち社員ですか」

社長が言うには、小学校に上がる頃から親から指示され、先輩や先生から指示され、自分から何かをやる訓練ができていない若手社員が多いのだそうだ。

「そんなことはないでしょう。小学生ならいざ知らず」

私がそう言うと、社長は熱くなって反論してきた。

「本当ですって。先日、今年入社した新入社員に『これを社長室に運んでくれ』と言ったら、社長室のデスクの上に荷物を置いたまま、ずっとそこに突っ立っているんですよ。私が十五分後に入っていったら、デスクの脇に立ってました。こんな子を採用したのかと思ったら、自分でも情けなくて、情けなくて」

だが、そこまで極端でないにしても、上司の指示がなければ自分から動こうとしない社員は本当に存在するらしい。

「社長、いい方法がありますよ」

私は、そうした常に受け身の生き方を改めさせるにはどうしたらいいか、社長に教えた。

それは、受け身の社員に「見つける力」をつけさせることだ。

これは、あなたにも役に立つ話だと思うから、ぜひ知っておいてほしい。

たとえば、オーストラリアの魚は日本まで回遊してくる。海の中には潮の流れがあるから、それに乗ると魚は途方もない距離を回遊する。

また、北太平洋のザトウクジラは夏にはベーリング海周辺まで北上し、冬にはカリフォルニア半島、ハワイ、日本の南西諸島まで南下する。さらにサケは川で産卵し、川で生まれるが、生活の大部分は海で過ごし、産卵のときに再び帰ってくる。これを遡河《そか》回遊という。

海の中ばかりではない。秋の空を見れば、渡り鳥も気流に乗って何千キロも遠く離れたところまで飛んでいく。日本では、観測のために南極で足環を付けられたオオトウゾクカモメという海鳥が、赤道を越え、はるか一万三千キロもの長距離を移動して、北海道で発見されたという記録がある。

南極から日本の北海道まで飛んできたと思うと、何だか鳥が愛《いと》おしくなるのは私だけではないだろう。

魚も鳥も、潮や風の流れに乗っていないと生きていけない。彼らにとっては、海流や気流の流れを見つけ、それと一体になることが、すなわち「生きる」ということなのだ。

植物もまた太陽のエネルギーと水が循環して土の中で生育し、やがて枯れて、また土に返るという流れの中で生きている。

こうした「流れ」は、魚や鳥、植物の世界にかぎったことではない。私たち人間の中にも、「流れ」というものがある。それを見つける力を養うと、仕事が実に面白くなる。もちろん戦いにも流れがあって、ひとつのミスから流れが変わることはよくあることだ。

今、自分がやっている仕事はいい流れに乗っているか、それとも悪い流れの中にあるか。会社全体ではどうだ。悪い流れだと見れば、いい流れに持っていくにはどうしたらいいか。

そうした流れや風を意識して、感じてみる。

ちょうど、ヨットが港で風待ちをするのと同じように、自分の仕事をいい風に乗せるのも、風を見つける力さえあれば、自由自在に操れるだろう。

よく「チャンスの風は、一生に三回吹く」というのも、そうした流れを「見つける」ことの大切さを教えていると私は思っている。

では、見つける力はどうしたら養われるのか？

それには、普段から微妙な変化を感じ取ることだ。

特に、自然界の変化に敏感になるとより動物的本能が目覚めてくる。

たとえば、生えはじめの木などを見るとき、この木はどうしてここに生えているのだろうか、鳥が種を運んできたのだろうか、誰かが植えたのだろうか、春になったら、どんな花を咲かせるのだろうかなどと想像し、花ばかりでなく、葉や幹、根まで気にするのだ。

すると、葉は太陽を浴び、花や実のためにエネルギーを蓄え、木を成長させているのがだんだん見えてくる。そうなれば、今までの木への見方も変わる。

満開のときの桜など、単に花ばかり見ていたときとは、何か自分が変わったような気がしてくる。

そうなってくれば「担当重役が替わった。なぜだろう?」という会社の動きから、「隣の席のOLが綺麗になった。どうしてだ?」というプライベートなことまで、変化というものにどんどん敏感になってくるのだ。

潮の流れや風を見つける力がつくようになれば、楽しく仕事ができる方法など簡単に見つけられると思うが、どうだろう。

目に見えない四つの「運」を意識する

見つける力がつくと、次には「運」の流れが見えてくる。

こうなると、実におもしろい。

運は動く。しかも、一ヵ所にとどまらない。ようやく来たかと思っていると、サッと去っていく。

一度去った運は決して戻ってきてくれない。だから、運がやってきたときに、しっかりとその流れに乗らなければならないのだ。

運を味方につけると、とんでもない成果が得られる。仕事人にとっては、運を味方にするか、しくじるかで人生に大きな差が出るはずだ。

よく考えてみてほしい。会社の組織は仕事のできる順番に偉くなっているか。関係ないはずだ。私に言わせれば、出世するかしないかは運次第だと思う。自分がずっとついてきた上司が偉くなれば自分も出世するが、上が左遷されたらその下もすべて出世しない。

つまりそこには運がかなり左右しているのだ。**つまり、その運の流れを見極めること、すなわちそれは自分の人生を決めることにもつながる。**ここで、仕事に関連する運に関する知識を書いておくから、ぜひ参考にしてほしい。

運とは何か。ひと言で言えば、運とは「恵み」のことである。目には見えないが、天からの恵み、人からの恵み、さらには自分の努力によって手に入れた恵みなど、さまざまな「恵み」を総称して、私たちは「運」と言っているのだ。

一般に運には、「天運」、「地運」、「人運」、「時運」の四つの「運」がある。

ここで、それぞれの運について一つひとつ解説するから、ぜひ仕事に生かしてほしい。

まず「天運」とは何か。

「天運」は、どんな人にも平等にやってくる。極端なことを言えば、一生懸命、会社のために働いている人間にも、適当にさぼっている人間にも、同じ場所にいるかぎり太陽は同じように当たるし、同じ風が吹く。

四季折々の風景の中で生きる日本人には、そうした日本の「天運」があるし、砂漠の国には、砂漠の国の「天運」があるというわけだ。

したがって、日本人にはだいたい同じような「天運」があると言っていい。

最近の世界各地の大地震や異常気象などは、この「天運」の勢いが非常に強いことを意味している。

こういうときは、「天運」によって、「人運」が持っていかれてしまうため、人知の予測を超えるようなことがよく起こると言われている。その意味では、現代は「天運」の時代かもしれない。

したがって、自然を相手に仕事をしている農業、漁業の関係者あるいはそうした関連の会社は、これから「天運」によってかなり運命を左右され、波乱の時代を迎えるかもしれない。

「地運」とは場所の「運」である。これは、常に刻々と動いている。

東京が晴れでも、大阪は雨かもしれない。また、大阪が雨なら間もなく東京も雨になる。それが「地運」である。それによってせっかく見物に行こうと楽しみにしていた野球が中止になったり、新幹線が止まって、予定が大幅に狂ったりするのも「地運」によるものである。


一九九七年、私はエジプトのルクソールという古代遺跡に観光に出かけた。

そのとき、イスラム原理主義過激派の六人のメンバーがルクソールの「王家の谷」の近くにある「ハトシェプスト女王葬祭殿」の前で、外国人観光客約二百人に向かって無差別に銃を乱射するという悲惨な事件が起こった。

その観光客の中に日本人十人が含まれていた。結局、日本人を含む外国人観光客六十一人とエジプト人警官二人が死亡した。

この世界的なテロ事件は、実は私がその朝観光バスでルクソールに着いたときに起こった。

「バスから出ないでください！」

地元警察が叫んでいる。最初は何が起こったのかさっぱりわからなかったが、しばらくして事情が飲みこめた。

「何、日本人が襲われた？」

私はバスから降りようとしたが、ガードマンたちに座席に戻されてしまった。

このとき、もう三十分テロが遅かったら、私たちのバスの乗客が殺されていたかもしれない。なぜなら、同じコースを観光する予定になっていたからである。

明らかに私たちは助かったが、これが「地運」である。

これほどの大事件でなくとも、「何だか、おかしな感じがするな」と私がその場を離れたら、離れた途端に事故が起こったこともあった。これこそが感じる力のおかげなのだ。

次の「人運」とは、自分でつくる「運」と、人からもらう「運」があり、それぞれ「自力運」、「他力運」と呼んでいる。「自力運」は自分で「運」をつかむことだ。ではどうしたら自分の力で「運」をつかめるか。

それにも方法はもちろんある。それは「間に合う」ことだ。

「間に合う」という言葉は、一般に「決まった時間に遅れずに事を運ぶ」ことだとされているが、「間に合う」の本当の意味は「間」に「合う」、つまり「うまいときにそれをする」ことだ。

その逆が「間が悪い」、すなわち「間に合わない」ということである。

今、ここで欲しいというところで、何もしないのは「間抜け」だと言えば、「間」の意味もさらにわかるだろう。

ということは、**「今、ここに何が必要か」をとっさに考える訓練を日常の場で常にしておけば、「自力運」がついてくるということだ。**

議論が行き詰まったときに「ちょっとお茶にしましょう」と声をかけるのも、実は「人運」を高めるのに役に立つし、誰かと一緒に旅行するときに、何かあるといけないと、他人の分まで何かひとつ余分に持っていってあげるのもいいだろう。

なぜなら、すべて「間に合う」ためなのだから。

ちなみに「他力運」とは、生まれたとき、大財閥の家に生まれたのと、地方の貧しい家に生まれたのでは、同じ日に生まれても人生はまったくちがうということである。政治家などの子どもは強い「他力運」を持って生まれたことになる。

こればかりは仕方がない。「他力運」を持っている人にはそれをおおいに生かすべきだとしか言えない。

最後の「時運」は、その字の通り、「時の運」である。

あの東日本大震災のときの首相が菅直人氏であったことも、われわれにとってはひとつの「運」である。同様に、東京電力の社長や会長にしてもそうだ。ひと時代前の元社長たちは自分のときに何もなくて、「時運」の良さを感じているにちがいない。

目に見えないこうした「運」を意識すると、次に「強運」を持っている人が不思議と見えてくる。

あなたのまわりにこうした「運の強い人」がいたら、なるべくその人の近くにいることをすすめる。「運」はそのまわりの人にまで、幸せを運ぶからである。

これを「幸運」と呼ぶ。

あなたも「イワンの馬鹿」になれ

この章の最後に、私の好きなトルストイの『イワンの馬鹿』を紹介しよう。

あなたには、いったいこの話はどう感じるのだろうか、それが私には楽しみでもある。

昔々、ある国に三人の兄弟と一人の妹がいた。

イワンは三番目の弟で、兄たちに比べてとても働き者だった。上の二人は金づかいが荒く、農夫の父親に「早く財産を分けろ！」と催促をする始末だった。

その催促があまりにも執拗だったので、父親は「では、イワンに聞いてみるがいい」と言った。兄たちはさっそくイワンに言うと、イワンは「みんな持っていけばいい」と応じてしまう。結局、父とイワンと妹はおいぼれ馬一頭だけ残して、財産すべてを持っていかれてしまった。

それを大悪魔が見ていた。

「何だ、家族で財産分与で大ゲンカをすると思って楽しみにしていたのに、残念だ」

そこで、小悪魔三人を使って、三人の兄弟をメチャメチャな関係にしてしまえと命じた。欲深い二人の兄は小悪魔の儲け話に見事に騙され、せっかくの財産をすべて失ってしまった。

三人目の悪魔がイワンのところにやってきた。「こうすれば、儲かる」という話をいつまでもするので、働き者のイワンは、「うるさい！」と鍬《くわ》で小悪魔を殺そうとした。殺されそうになった小悪魔は、病気が治るという木の根っこを置いてその場から逃げていった。

そんなある日、イワンが住んでいる国の王様の娘が病気になり、「姫の病気を治した者には褒美をやるだけでなく、もし、その者が独身なら姫を嫁にやってもいい」というお触れが出た。

イワンはさっそく、小悪魔が置いていったどんな病気でも治るという木の根っこを持って城に行こうと家を出ると、家の前に貧しい女が立っていて、「私の病気を治してほしい」と訴えた。

人のいいイワンは、その根っこを全部女にあげてしまった。

それでもおいぼれ馬に跨《またが》って、城へ行った。するとどうだろう。姫の病気が治ったのだ。喜んだ王様は姫をイワンにくれた。やがて王様が亡くなり、イワンはその国の王様となった。

するとさっそくイワンは王様の服を脱ぎ、昔着ていたボロの作業着に着替えると、畑に出て、昔のように畑仕事をはじめた。姫もまた同じように汚れた服を着て、畑仕事を手伝った。王様が率先して働くものだから、国民も一生懸命働いた。やがてイワンの国は、自給自足の満ち足りた国になった。

そこへまた、大悪魔がやってきて、国民にお金をばらまき、これさえあれば何でも好きな物が食べられるし、いい家に住める、素敵な洋服も着ることができると誘惑した。しかし、すでに衣食住が十分足りているイワンの国の人たちは、お金の意味がよくわからないので無視していた。

困ったのは大悪魔であった。金はたくさん持っているのだが、イワンの国では誰もお金と食べ物を交換してくれなかった。それどころか、「お金って何だい？」と気持ち悪がられる始末であった。

そのため食べ物が手に入らない大悪魔は、やせ衰えて体もボロボロになってしまうのだ。

そしてある日、「手で働くより、頭を使って働けば、楽をして儲けることができる……」

と演説している途中、演説台から頭から落ちて地中に消えていった。

今さらながらよくできた話で、何だか、トルストイが日本の原発問題を予見していたかのように思えないだろうか。

政府も、電力会社も、震災前には原発の町に金をたくさん落とし、雇用を生みだし、うまいことばかり言ってきた。

ここに登場してくる「悪魔」こそ、「企業」であり、「国家」である。

それでなくとも、いまの日本に「イワン」のような人物がいかに必要か、よくわかるというものである。

あなたに「イワン」になる勇気がどのくらいあるだろうか。

人にバカにされようとも、愚直に、健気に生きていくことが果たしてできるだろうか。

言っておくが、うちに集まる道場生たちは、みんな「イワン」なのだ。

第4章

決断力のある人になる

厚化粧の人生を望まない

「会長、おはようございます」

「ああ、おはよう。あれ、どうした、しばらく見ないうちに綺麗になったな」

「ええ、ホントですか。会長に言われると、ウソでもうれしいです」

「ウソなんか言うわけないだろ」

ある日の道場での、若い女性道場生との会話だ。

彼女はたしかに最初にここに現れたときに比べて、はるかに綺麗になった。もちろん、化粧などしていない。素顔でも輝いているのだ。恋でもしているのかと思ったが、そうでもないらしい。

気持ちが明るく、素直に変わったことを、彼女の健康そうな素肌が私に教えてくれたのかもしれない。素顔の若い子を見るのもいい。

その一方で、こんな話がある。

ある女優と結婚した男がこうこぼしていた。

「うちの奥さんとは寝室が別なんだけど、毎朝一時間半は化粧室に入って出てこないんだ。朝からもうバッチリ化粧していて、これまで一度も素顔を見たことがない。ひょっとして化粧を取ったら誰だかわからないのではないか」と。

いかにもありそうな話である。

「ああ、化粧を取った顔は見ないほうがいいね」

私は、そう忠告しておいた。


人間はそもそも、体内にさまざまな毒素を持っている。

持っているというより、生きているうちに、体内に「汚れ」が溜まると言った方が正しいかもしれない。しかも放っておけば、この「汚れ」は、どんどん溜まる。

肉体的にそうであれば、当然心の中にも「汚れ」は溜まるだろう。

あなたがひと言「ちきしょう」と大声で叫べば、その悔しさは心の中に「汚濁《おだく》」として残るし、仕事のためとはいえ人を騙せば、あなたの良心が泥にまみれる。

勝負の勝ち負けにこだわれば、勝っても負けても心に「汚れ」がつく。つまりは、「一怒一濁」、要するにあなたが一回部下を怒れば、ひとつ自分の心が汚れると思っていい。

こうして心身とも汚れることによって、あなたは給料という名の生活の糧《かて》を得ているのだ。

だから人間は入浴し、せめて体についた表面上の「汚れ」だけでなく、体内に溜まった毒素を本能的に汗として外に流そうとするのだ。

会社帰りのサラリーマンで、夜のサウナがにぎわうのは、人間の本能がそうさせていると思って間違いはない。

特に「汚れ」が目立つのは、人が「勝ちたい」という欲を持ったときである。

仕事の上でライバルに勝ちたい。出世していまより高い地位を勝ち取りたい。人生の勝利者になりたい、目立ちたい……。そう思えば思うほど、人間は汚れていくのだ。

動物は、強い遺伝子を持ったものが生き残っていくとされている。もちろん、人間にも遠い昔からDNAにそうした競争意識が埋め込まれている。

だから、人間は誰でも勝負には勝ちたいと思うものだ。そのためなら、何でもするのが動物としての本能といえるかもしれない。

だが、そういう気持ちは「化粧」のようなものである。

さらに、あなたたちは勝つために余計な学歴や知識をくっつけて、必要以上に相手を負かそうとしている。これこそまさに「厚化粧」である。

女性にたとえれば、わかりやすいかもしれない。

先の女優を奥さんにした人の話のように、化粧を取ったら誰だかわからないという厚化粧の人がいる。私に言わせれば、それは化粧ではなく化けの皮なのである。化けの皮を剥《は》げば、その人のすべてがあらわになる。

あなたの会社の中にも、化けの皮の厚い奴はいくらでもいるだろう。一番始末の悪いのは偽善者である。こんな奴が社長をやっている会社は目も当てられない。

自分たちの会社は、世のため人のために尽くすなどと言って、裏で金儲けを企んでいる。会社ごと厚化粧をしていて実に汚い。こういう会社ほど勝てば官軍、つまり何をしても儲けさえすればいいのだ。

「結果として金が儲かればいいんじゃないの？」とかつて豪語した社長がいたが、私はそうは思わない。

では、人生は勝たなくてもいいのか。あなたのためにはっきりと言っておこう。

勝たなくてもいい。そのかわり、負けない人生を歩め。

勝とうとしてシミやシワを化粧で隠そうとするより、素顔で負けなければいい。

化粧した勝ち、つまり手段を選ばない方法ばかりを求めると、人間はどんどん弱くなる。汚れをまた化粧で隠さなければならないからだ。

では、負けない人生とは何か。

勝つことも負けることもすべて受け入れ、「楽しむ」人生である。

いいじゃないか、ずっと勝たなくとも。明らかに負けると思える勝負だとしても、いい勝負をしようと、強く心に決めてしまうことだ。

なまじどんな手を使ってでも勝とうなどと思うから、ウソをついたり、騙したりしようとするのだ。いい勝負をする覚悟さえ持ってすべてに対処すれば、人生は何も怖くなくなる。

そのためには、仕事で失敗したら逃げないと決断することだ。さらには言い訳をしないと心に強く決めることだ。そうして責任転嫁もしない、もっと言えば人の失敗をも平気でかぶる人生を歩め。

「損して、得とれ」という言葉がある。

言い訳をし、責任逃れに終始することは、化粧に化粧を重ね化けの皮をかぶるのと同じだ。逆に、とにかくいい勝負をしてやろうという決断ができたとき、あなたはすでに素顔であり、その勝負に勝っているのだから。

「俺の心は、いつでもそのままだ」と、あなたははっきりと言えるだろうか。

成長することは、汚れること

突然だが、童話の『裸の王様』の内容を覚えているだろうか。

そう、アンデルセンの童話だ。細かいことを忘れてしまった人のために、あらすじを書いておこう。

いつも新しい服を着て町を歩くことが大好きな王様のもとに、ある日二人組のいかにも詐欺師っぽい布織職人がやってきた。

彼らは王様に「これまで誰も見たことのない珍しい洋服をつくりませんか」と提案する。何が珍しいかというと、その服は軽くてまったく重さを感じないだけでなく、賢い人には見えるが、バカには見えないのが特徴だと言う。

王様は面白がって注文する。製作中の工場にも見学に行き、「どうです、素晴らしいでしょう。もう少しでできあがりますよ」と言われる。当たり前だが服は見えない。

そして「バカには見えない」と言われているだけに、「見えない」と言えず、「素晴らしい」と王様は同調してしまう。家来もまた同様に賛美する。

やがて、王様は完成した見えない衣裳を着け、パレードに臨む。見物人もバカと思われたくない一心で、王様の衣裳を褒めそやす。

その中の子どもが一人、「王様は裸だよ」と叫ぶ。すると、見物人たちも口々に「王様は裸だ！　裸の王様だ！」と叫び出したが、王様と家来だけは素晴らしい衣裳だと信じてパレードを続けていく……。

この話は、ワンマンのリーダーのまわりには金や出世目当ての人々だけしか集まらず、リーダーの失脚とともに、それまで周辺にいた人々が蜘蛛の子を散らすように去って行ったときのたとえとして、「あの人は、裸の王様だった」とよく使われるのだが、私はそれを言いたくて、この話を改めてわざわざここに記したのではない。

この「王様は裸だよ」と叫んだ子どものことを書きたかったのである。

私には何人も孫がいるが、その中にいま、私がとてもかわいがっている、もうすぐ三歳になる孫がいる。

この子が実にかわいい。私のことを「じいじ」「じいじ」と呼んで、なついてくれている。誰に教わったのか、自分の手にしたものは「はんぶんち」と言っては、何でも半分にして分ける。決して独占しようとしないのだ。

私はこの子から、いろいろなことを学んだ。

たとえば、同じようなお皿があったとする。一方の皿は、人間国宝が焼いた皿で、時価数百万円の皿だとする。もう片方の皿は、百円ショップで買った皿だ。

この子はきっと、両方の皿に手をかけて「はんぶんち」と言うだろう。この子にとってはまったく同じように見えるのだから、皿がふたつあればひとつずつ分けようとするはずだ。

ところがそれを見ている大人はどうするだろう。百円ショップで買った皿は割れてもいいが、数百万円もするであろう皿は割られたら困ると思うから、赤ちゃんにはその皿に手を触れさせないようにするだろう。そして、「はい、これは触ってはいけません」と取り上げる。子どもはなぜ取り上げられたかわからないから、「はんぶんち」と言いながら泣きわめくことだろう。

私は孫が愛おしく思えてならない。

なぜなら、この子には汚い欲望など微塵もないからである。

そこにあるのは、「自我」ではなく、いわゆる「他我」である。人に分けてあげようという奉仕精神の芽生えである。しかも、この子にとって皿そのものの価値など関係ない。ただ、「じいじ」に与えたい一心なのである。

これが、五歳になったらどうなるだろう。十歳になって家に数百万円の皿があることを知ったら、きっと人にあげたりしないだろう。百円の皿なら粗末に扱うが、人間国宝の皿で食事などしないだろう。

人はこれを、「成長」と呼ぶ。

だが私から言わせれば、これは、「汚れること」でもあるのだ。ずる賢くなることだ。先の「王様は裸だよ」と叫んだ子どもだって、成長するにしたがって、汚れていくのだろう。

それはあなたも同じことで「仕事ができるようになった」と言われることは、それだけ汚れてきたということだ。逆に言えば、汚れなければ一般社会に適合などはできない。意識して汚い心を持っていなければ、出世はできない。それが、あなたが今住んでいる会社員の社会の現実なのである。

その中で、何か決断しなければならないときには、**せめて「普段の自分は汚れている」という意識を少しでも持っていてほしい。**

それだけでも、おかしな決断になるのを防げることだろう。

童心を忘れるな

ちなみに、私の道場では、毎日道場生がやってきて麻雀をやっている。ここでは、麻雀を通じて心の強さを育むことを第一に考えている。

言い替えれば、道場生の精神の歪《ゆが》みを是正し、人間本来の心を取り戻す精神修養の場、と言ってもいい。したがって、道場生を評価する私の基準は、決して麻雀の成績ではない。むしろ「こいつといると、楽しいな」という人間のかわいさ、正直さなどで評価している。

心が素直であること、ウソを決してつかないこと、笑顔がかわいいこと、性格が明るいこと、健気なこと……。

ひと言でいえば、何も汚れてはいない童心をいかに残しているか、それで道場生を判断するのだ。

「この子は、まだプライドが高いな」

「この子は、意地を張ってるな」

「うん、こんな健気な子はいない」

そんな調子で、道場にやってくる多くの道場生を見ているわけだ。言い替えれば、「子どもっぽい」ところが多いほど私の評価は高い。

先の『裸の王様』にしたって、子どもだったから「王様は裸だ！」と言えた。

童心こそ、行き詰まっているこれからの時代を生きる上でのキーワードであると私は信じている。

学校でも職場でも、童心など決して評価の対象にはならない。「性格が素直だ」といって出世するわけはない。

ところが、この評価基準は上に立つ者にとってとても大事なことだから、あなたが課長や部長になったら、ぜひそうした基準で人を見てほしい。

なぜ大事なのか。

それは、素直な人を見ていると自分の心も共鳴するからだ。汚れた自分の心を洗ってくれるからである。「ああ、彼のように純粋に生きられたらいいな」と、ふと思うだけでかなり心が洗われる。

自分の心が洗われるということは、それだけで救われるということでもあるのだ。泥だらけになったあと、シャワーを浴び頭や体を洗うようなものだ。

人は、これまでずっと成績で評価されてきた。勉強ができる、仕事ができる、つまり、できるか、できないかですべてを決められてきた。これが「能力主義」だ。だからこれまでの上司たちは、できる部下を大事にし、その能力に賭けてきた。できない部下は切り捨てられ、年をとれば窓際に追いやられた。

彼らはお荷物として扱われた。そして、リストラの対象になった。

できる男たちは、それが当然だと思って生きてきた。

だが、本当にそれでよかったのだろうか。その真実は、あなたが会社を辞めたらよくわかるだろう。

あなたがどんなに仕事ができる男でも、いつか定年がやってくる。

できる男の定年後は悲惨なものだ。

それはなぜか。誰も相手にしてくれないからである。

あなたは、現役時代になまじ仕事ができたために自信がある。だから、退職しても会社に行きたがる。近くから昔の部下を呼び出す。部下も一度は付き合うだろうが、二度、三度になると体よく断るだろう。

「すいません、ちょっと手が離せないものですから。また近くに来たら、連絡ください」

こうして、自分がすでに邪魔者であることを知る。あなたは、かつて「できる」男を自負していただけに屈辱感は一入《ひとしお》である。

さらに、困ったのが「プライド」である。老いたあなたが「かつて、私は一流会社に勤務していた」と言ったところで、肩書がなくなれば、そんなものはまったく意味をなさない。

名刺で仕事をしてきた人の晩節は惨めである。定年になったあなたは「ただのおっさん」になりきれないからだ。

その逆なのが、できない男たちである。彼らは定年になると「やった！」とばかり、喜んで、ただのおっさんになる。

そして解放感に浸り、老後の生活を満喫する。地域の祭りには参加し、ボランティアにも精を出す。退職金で夫婦で海外旅行に出かけ、孫に囲まれ、優雅な晩年を過ごす。

なぜ、彼らがそんな生活ができるかと言えば、できる男たちが彼らを当てにせず、放っておいてくれたおかげである。仕事面で無視された彼らは、在勤時に仕事以外に生きがいを見つけ出す。

すると、そこに会社では味わえなかった快感を得るのである。

「仕事を離れたら、こんな人たちがいるんだ」ということに気づいた彼らは、会社以外にそうした仲間をつくる。

地域の商店街の人たち、ボランティア仲間に趣味仲間、そして何より大切にしてきた家族……。

だから退職したとき、汚れた人たちと付き合わなくてよくなり、自分の好きな人たちと暮らせる。そうして「やった！」ということになるのだ。

もちろん、彼らが定年後会社の近くで部下に電話することもない……。

あなたも、いつかわかるときが来る。会社というところは、どんなに身を削って励んでも退職したら終わりなのである。

誰も相手にしてくれない。そして老後は、思ったより長い。

あなたが今できる男だったら、将来偉くなったときに、むしろ「こいつと仕事をすると、楽しいな、かわいいな」と思える部下と仕事をしたほうが毎日が充実すると思って間違いはない。

なぜなら、彼らは生きる楽しさを知っているタイプの人間だからである。

そしてあなた自身が童心を忘れないこと、これも「決断」には大事な要素のひとつである。

「百点小僧」より「十五点職人」

「章ちゃん、久しぶり。大活躍だね」

「ガキ大将だったからな。小学校四年のときには、校内を仕切ってたもんな」

「校内だけじゃないよ、このあたり一帯全部の番長だよ」

「やめなよ、そんな話」

「ハハハハハハハハ……」

何十年ぶりに小学校の同窓会に出たら、近所にいた悪ガキたちが私のまわりにたくさん集まってきて、さっそく昔話をはじめた。

商店主もいれば、職人もいる。話しだしたら次々と思い出話に花が咲き、まるで桜の花見のようににぎやかだった。

あなたたちはどうだろうか。

きっと、小学校の同窓会などないだろう。みんな塾に通っていたのではないだろうか。

勉強、勉強、勉強……。百点、百点、百点……。

あなたも昔はきっと試験の百点を目指して、がんばった子だったにちがいない。でも、世の中は面白いものだ。

たとえば、いつも百点を取っていた子がいるとしよう。逆にいつも十五点だった子もいるとする。

すると、百点を取っていた子は、明らかに十五点の子に対して優越感を感じている。百回試験があれば、百回優越感を感じるわけだ。

しかし、十五点の子が百回劣等感を感じたかというと、決してそんなことはない。十五点でも結構、喜んでいたりするからだ。ちなみに、私は十五点組だ。

「章ちゃん、すげえ、十五点だぜ」

「俺、三点負けちゃった。十二点だもの」

「あーあ、俺また、零点だ」

こんな調子であるから、成績のいい子に対して十五点組は劣等感など感じてはいない。これが七十点や七十五点なら悔しがるかもしれないが、十五点組はそんなことまったく感じない。

そして百点の子たちが一斉に集まって、中学でも、高校でも、大学でも、ともあれ、一流校と呼ばれるところに入ろうとする。ところが、百点を取ってばかりいた子が全員入学した先で百点が取れるという保証はない。しかし、百点を取らなければ、自分の価値がないから、必死で百点を目指す。

ここでまた、百点を取った子と百点を取れなかった子に分かれる。そこでも百点を取れた子は、また優越感を味わい、百点を取れなかった子は、はじめて劣等感を味わう。

そこから先が面白い。

百点を最後まで取り続けた子は、やがて社会を形成する。これをたとえば「百点小僧社会」と名づけよう。

この「百点小僧社会」の底辺には、百点小僧を目指して破れた昔の子どもたちがたくさん属しているが、もちろんそこに最初から十五点ばかり取っていたような子はいない。では、最初十五点だった子はどこにいってしまったのか。

彼らは「十五点職人社会」というものを早くに形成している。誰にも頼らない自分の腕で生きていく社会、そこが「十五点職人社会」なのだ。

かつて、日本には明らかな「十五点職人社会」があった。

町に工場があり、そこの社長は学歴はなくとも輝いていた。そして、そこから多くの新しい製品が発明された。

たとえば、のちのパナソニックを創立した松下幸之助は、尋常小学校を四年で中退し、大阪電灯で働いていたし、世界のホンダの本田宗一郎は、高等小学校を出て、自動車修理工場に丁稚奉公（下働き）し、二十二歳でのれん分けをしてもらい、浜松市内で独立したのが、世界のホンダのスタートなのである。

外国でも、同じことが言える。

のちに発明王と呼ばれたエジソンは、小学校のとき算数の時間に1＋1＝2と教えた先生に「一個の粘土に一個の粘土を足すと、大きな粘土が一個できるのに、なぜ二なんですか」と質問し、教師に「君の頭は腐っている」と言われて中退したし、アインシュタインは、七歳まで文字がまったく読めず、子どもの頃はいつもとりとめのない空想にふけっていたという。

これが、「十五点職人社会」の住人の一例である。

ここの住人たちは、子どもの頃から百点の子に対して劣等感も持っていないし、尊敬もしない。

むしろ、いつも面白いことを考えたり、ケンカが強かったり、足が速かったり、鉄棒が上手だったり、メンコやベーゴマが強かったことを誇りに思っている。

雀荘の主人でしかない私も、同窓会の様子ではどうやら「十五点職人社会」の一員で、「百点小僧社会」には属していないことは明らかなようである。

同窓会で盛り上がるのは「十五点職人社会」の人間で、「百点小僧社会」の末端の住人は静かだ。

もっとも、「百点小僧社会」のトップは過去を懐かしむ同窓会などにほとんど現れない。まだ哀れにも百点を目指してムキになって働いているか、リタイアして誰にも相手にしてもらっていないからである。

職人の生き方から学べ

「十五点職人社会」には、さすがだな、と思えるいい話がたくさんあるが、ここで私が聞いた話を紹介しよう。

明治から昭和にかけて、東京に「鑿《のみ》を打つなら、この人だ」と呼ばれた鍛冶屋がいた。大工道具の神様だ。名を千代鶴是秀《ちよづるこれひで》（一八七四〜一九五七）といった。

この人は、自分の納得のいくものしかつくらなかった。

是秀のつくった鑿は、他の職人が打った鑿の数倍の価格がした。なぜなら、普通の鍛冶屋が一日に一枚つくるのに、彼は十日、あるいは十五日もかけて丹精込めてつくったからだ。

それでも納得がいかなければ、彼は途中で製作をやめた。自分の最高の仕事をすることだけにしか関心がなかったのだ。だから、当然貧乏だった。

あるとき、そんな是秀に、江戸熊という大阪の大工から注文が入った。江戸熊は名前に江戸がついてはいるが、腕のいい大工として上方では有名であった。

「わかる人にはわかる」という信念を持っていた是秀は、さっそく鑿の製作に入り、完成すると自ら大阪に届けに行った。

是秀が大阪の駅に着くと、「千代鶴是秀様」と書かれた幟《のぼり》が彼を迎えてくれた。

是秀を家に迎え入れた江戸熊は、是秀の出した鑿をじっくり眺めて、「百五十円で売ってもらえませんか」と言って、金を払った。当時のサラリーマンの給料は三十円程度だったから、いまの金額に直せば、二百万円から三百万円ぐらいはしたかもしれない。鑿ひとつで、である。

もちろん、破格の金額であることは言うまでもない。

是秀、あたりを見回すが、破れ障子で家具も最小限しかない。そんな江戸熊が破格の値段を事もなげに払ったので、「このような代金をどう工面なさったのですか」と聞くと、江戸熊が懐から質札を出しながら、「千代鶴さんこそ、大阪までの旅費は大変だったでしょう」と言った。

すると、是秀も懐から質札を出して、二人して笑い合ったそうだ。

それこそ明日から食う物がなくても、一切手抜きをしない。お互い「十五点職人社会」の住人であることを伝えるエピソードである。

また、是秀が死んだときには、こんな話が残っている。

昭和三十二年十月、一人の弟子のところに「是秀死す」の知らせが入った。しかし、地方に住んでいたこの弟子、親子八人の食うや食わずの生活で、東京に行く金がない。やむを得ず、近くの金物屋に行き、普段から仕事を世話してもらっている店主にお金を融通してもらおうとしたが、あいにく店主は所用で留守。

仕方なく、奥さんに「大変なことが起きたんで……」と言うと、奥さんは何も事情を聞かず、金庫を開け「これで東京に行っておいで」とお金を渡したという。

「百点小僧社会」にはない、「十五点職人社会」の良さが、あなたにも少しはわかっただろうか。

あなたが身につけるべきは、雰囲気である

この千代鶴是秀という人、風貌も素晴らしく、痩身ではあるが、背筋がしゃんとしていて、酒を飲む姿などはほれぼれするほどであったという。

彼にはこんな話も残っている。

戦後、進駐軍が日本にやってきたとき、一人ビアホールでビールを飲んでいた是秀に、居合わせた米軍の将校がウエイターに「彼に一杯ビールを差し上げてくれ」と申し出たという。

当時、米軍の将校といえば敗戦国の日本人を小馬鹿にし、サングラスにパイプをくわえ、ジープで店にやってきて傍若無人の振る舞いをしていた時代である。

それがわざわざ、日本の白髪の老人にビールを差し入れた。きっと、是秀に凛《りん》とした古武士の雰囲気を見たのであろう。

実は、私にもそうした経験が何度かある。

私はよく友人と南太平洋のリゾート地などへ遊びに行くのだが、少し前に、旅行客向けの高級フランス料理店があったので、友人と二人で早速その店へ行ってみることにした。私はホテルのフロントに用があり、友人が先に店に入って、席を取っておいてくれることになっていた。

用を終えた私は店に入ったが、見まわしたところ友人の姿が見えない。

「ムッシュ？　お食事ですか。何名ですか」

「二人」

仕方がないので、私はウエイターの後についていくと、前方の席に案内された。目の前ではバンドが演奏している。まあ、いい席だ。

まわりはヨーロッパ各地から訪れたカップルたちが食事をしながら、楽しそうに会話している。まさに、リゾート気分いっぱいだった。メニューが渡された。

それにしても、友人はどうしたのだろうと心配しはじめたとき、ようやく彼が現れた。

「どうしたんだよ」

「どうもこうもありませんよ。この店に入ったら、あそこの席に案内されたんで、会長のことを待っていたら、会長だけこんないい席に通されているんですから」

彼が指差す先は、はるか奥だった。しかも、衝立《ついたて》のような仕切りの陰でバンド演奏など見えそうもない。パリなどの一流料理店では、日本人はバカにされると聞いていたが、彼はまさにそれをこの店でやられたのである。

それにしても同じ日本人でありながら、私はどうしてこんないい席だったのだろうか。ちなみに彼は外国語に堪能であり、もちろん私はしゃべれない。

実はこれには後日談があって、この翌年また同じ店に行って、やはり彼だけ先に行かせたらまたもや同じ目に遭い、私も遅れていったら、また同じようにいい席だったので、彼が腐りきったことは言うまでもない。

なぜ、彼がそんな目に遭わなければならないのか。

その原因は、彼の醸し出す雰囲気だったのかもしれない。彼は会社の役員をしているから、当然金持ちだ。ならば、ウエイターは金持ちを大事にすればいいのだが、そこが一流料理店のプライドなのだと思う。

いかにも金持ちという雰囲気を出している日本の中年男性は、彼らにとっては上客ではないのかもしれない。

それにしても、先の千代鶴是秀という名人にアメリカ人の将校がビールを差し出した話といい、この例といい、「十五点職人社会」を生きていると人はそれを見抜くことがあると私は思った。それは日本人だから、という単純な問題ではないであろう。

あなたは今、自分がどんな雰囲気を醸し出しているか、ちょっと考えてみるといいかもしれない。

熟したヤシは、自ら葉を落とし、実を落とす

「十五点職人社会」は、わりといいものだとは思わないだろうか。

あなたが住んでいるのは、おそらく「百点小僧社会」の末端だろう。毎日、百点小僧たちが得意になって活躍している「会社」という組織の中で、あなたは今日も汚れきって生きている。

なぜ、汚れてまで生きるのか。それは、もはやそうしないと食べられないからだ。

当然私はそれをここで叱るつもりはないし、そんな権利もない。家族がいる人は、きっと大変だろうと思う。とにかく養わなければならないのだから。

「お父さんが仕事しないと、お前は生きられないのだよ」と子どもに言うしか、あなたの人生は誇れないかもしれない。

先の名人たちのようには生きられないし、それほどの才能もない。あるのは学歴というやっかいなものだけなのだ。

だが、子どももやがて大きくなる。そして「お父さんのように、自分をごまかしてまで、生きたくはない」と反発することもあるだろう。

「十五点職人社会」では子どもが親の背中を見て育ったから、親の生き方には憧れたものだった。そこでは、どんなに偉い人が来ようが、自分より目下の人間が来ようが、まったく変わらない親を尊敬した。

貧しい世界だったが、親の背中を見ることが「十五点職人社会」の子どもにとっての勉強だった。

木を削り、金づちで叩いて家ができることも学べたし、ペンキの正しい塗り方も親から教わった。そんな親を見ているだけで立派な教育になった。

あなたは子どもの頃、何を勉強してきたのか。学校で教えられたことを、ただたくさん覚えてきたにすぎないのではないか。因数分解や微分積分など、学校で習ったことが社会に出て何かの役に立っているだろうか。

そして、あなたの子どもは、そんなあなたから何を学ぶのだろうか。いい学校の入り方か、それとも、やりたくない仕事を一生続けるノウハウか。

「百点小僧社会」の最大の欠点は、いまここに存在しないものはつくれない人たちの集まりだということだ。あるものを改良、維持することには長《た》けているが、無から有を生みだせない。なぜなら、そうした勉強をしてこなかったからである。

言葉を変えれば、百点小僧たちは、あくまで百点が満点だと思い込み、決してそれ以上を目指そうとしなかったということでもある。あなたもその一人ではなかろうか。ただただ百点満点を取ることで、いい会社に入ることを目指してきた。それはつまり、就職でなく就社である。

だからあなたは、会社をリストラされたら生きられない。また別の会社を探さなければならない。自分で仕事をつくればいい、という発想はそこにはない。働く場所すら自分でつくれない。

大工は家を建てられる。漁師は魚を獲れる。農家は米や野菜をつくれる。板前やコックは料理ができる。私は酒を飲まないが、バーテンダーもカクテルをつくるプロである。だから、どんなことがあっても自分の腕で生きることができる。

ところが、会社員は人間にとって何よりも一番大事なこの「生きる術」、もしくは「生きる技術」を、会社という存在に頼らなければならない。

「あなたは、何ができますか」に対し、「はい、部長ならできます」と真顔で返答してしまう。これが「百点小僧社会」なのである。

そんなあなたに、大事なときに本当に正しい決断ができるだろうか。せめて、会社に頼って生きていない自分の存在を少しでも確認しておけば、何事も自分で決める自信が生まれるかもしれない。

南太平洋サモアの酋長ツイアビは、ヨーロッパを訪問して戻ってきたときの演説集『パパラギ（白人）』（ソフトバンク文庫）の中で、こう言っている。

熟したヤシの木は、時期がくると、自然に葉を落とし、実を落とす。

それに比べて、パパラギは、自分の持っているものを決して他人に与えようとしない。

まるで、葉も実も落とすまいとするヤシの木だ。

ヤシは、一度、実を落とし、私たちに与えたあと、どうしたら再び新しい実を結ぶか考える。パパラギよりヤシのほうが、ずっとずっと賢い。

会社員のあなたに、南洋のヤシの木のような生き方ができるだろうか。

今日からでも遅くはない。まず自分の持っているものを落としてみるのだ。

「お金を使わなければ、お金は決して入って来ない」という言葉がある。

お金にかぎらず、愛情でも熱意でも、時間でも、自分が今持っているものを周囲の人たちに与えてしまうと心に決めてみたらどうだろう。

それを決めたときから、あなたのまわりにきっと何か変化が起こるはずだ。

根と茎と葉を大事にする人生

ヤシの木の話が出たついでに「家族」の話をしよう。

ヤシのような植物は、立派な根と茎と葉があって、はじめて見事な果実を実らせることができる。根も持たずに、大きな実だけ収穫することは、絶対不可能だ。

人間における根、茎、葉とは「家族」である。

ある日の新聞の投書欄にこんなのがあった。

「うちのお父ちゃん、すげえ仕事がんばっている。でも稼ぎは少ない。それでも僕はお父ちゃんが大好きだ」

私は思わずいい気持ちになった。親なら子どもにこう思われたい。言っておくが、子どもは、親にとって根っこのようなものだ。

新宿で麻雀を打っていた頃、私は自ら身を滅ぼす男や女をたくさん見てきた。原因は麻雀だけではない。酒、女、薬……一時的なそうした快楽に、だらしなく溺れていった。

彼らは「百点小僧社会」はもちろん、「十五点職人社会」にすら入れない、どうしようもない男女だった。

ただ、彼らも生まれつきそんな人間ではなかったことは確かである。決して裕福ではなかったと思うが、世の中には貧しくともきちんと生きている人はたくさんいる。

どうしてそうなったか。それは彼らの親の責任なのである。

いびつに偏った人間、欲望など何かに異常に執着する人間がどんな末路をたどるかを多く見てきた私には、自分たちの子どもに偏った人生を押しつけようとしている親たちが、愚かしく哀しく思えてならないのだ。

貧しさに負け、自暴自棄になった親の子は哀れだ。しかし、ただ金があったとしても問題がないわけではないだろう。両親が医者であったために、医者になることを義務づけられた少年の犯罪など、その典型である。自分が東大を卒業したため子どもが東大でないと認めない親など、子どもがかわいそうでならない。

子どものためと言いながら、本当は自分のために子どもを無理な方向に導こうとする親は、根と茎と葉を大事にしない植物と同じで、やがてすべてが腐ってしまう。

子どもが困ったときに気づいてやること、救いを求めているときに手助けしてやること、それが根と茎と葉を大切にする親の仕事だ。

私は「雀鬼」と呼ばれているが決して鬼ではない。なぜなら妻がいて、四人の子がいて、五人の孫がいる、ごく普通の家庭人だからである。

私が代打ち麻雀をしていても身を持ち崩さなかったのは、家庭を持ったこと、とりわけ子どもの存在が大きい。

長男が生まれたとき、「俺がこいつを養うのか」ではなく、「こいつが俺を明日から生かしてくれるのか」と思ったものだ。

それまで希望のなかった明日を、小さなこの命が生かしてくれる、そう思えてならなかった。涙が出そうになった。そのときから、子どもが私の根っこになった。

そして考えた。この子があっての私なら、この子にとって一番大切なものは何だろうと。

そして決断した。この子にとって一番大切なものは、母親と家庭だ。この子の母親と家庭を守れるものといったら家だ。私が家を持つと決めた最大の理由は、そこにあった。私の不安定な麻雀生活に左右されない、いつでも安心して住める安定した器をこの子につくってやろうと決心したのである。

このときから、私は根も茎も葉も大事にする人生を選んだのだ。やがて私は代打ち稼業から足を洗い、麻雀屋の親父になった。

あなたが、マンションを借りるのではなく買う。間借りするのではなく、マイホームを建てる。そう決断するときの理由も、きっと私と同じであることを望む。そして、もうひとつだけ体験から付け加えておこう。**人間にとって帰る場所があるということは、とても大切だ。迷ったときはそこに戻ればいい。**

迷ったまま進めば、人はさらに迷路に入り込んでしまうからだ。

あなたはいま、自分の帰る場所を持っているだろうか。帰る場所があれば、考え方も落ち着く。

そのこともあなたの決断を左右するから、意識しておいてほしい。

「運」を味方につけると、いい決断ができる

あれはいつだったか、八丈島へ若い連中と一緒に出かけたことがあった。

だが、運が悪いことに台風が迫っていた。海が荒れ、泳げない日が続いたある夕方、荒れに荒れている海を見にみんなと海に突き出た桟橋に行ってみた。

出かける前、ホテルの部屋では天気予報が「台風は八丈島を直撃する」旨を知らせていた。

桟橋に着くと、案の定海は波しぶきをあげ、大シケであった。

「わー、すごい高波だ」

「気をつけろよ、波にさらわれたら一巻の終わりだぞ」

みんなワイワイ言っている。そして何気なく、全員で桟橋の先のほうに移動したそのときだった。それまで見たことのない、すごい高波がさっきまでみんなで立っていたところを襲ったのだ。

動かなかったら間違いなく、私たち全員が波にさらわれていたであろう。

なぜ私たちは移動したのか、いまだによくわからない。ごく自然に体が動いたのだ。

これこそが「運」である。

あなたもそんな経験をしたことがあるだろう。車を運転しているとき、ヒヤッとしたことが。もし事故を起こしていたら、今頃こうしてはいなかったというようなことが。

だが、私の経験ではその運はただ待っているだけではやって来ない。

実は、運は本来人間が持っている自然の感性を気持ちよく取り戻すことによって生まれ、それによって人は理性を超えたひらめきや行動ができるのだ。

心を自由にし、感じるままに動けばいいだけだ。私たちが桟橋で高波を避けることができたのも、私たちの心が何事にも縛られておらず、自然と動くことができたからである。

言い替えれば、運を招くには自分の心をなるべく気分のいい状態にしておくことが大切だ。

これは何かを決断しなければならないときに確実に役に立つ。

たとえば、嫌な人に会うと不快になる。こんなときは気分が悪いから何も決めないほうがいい。逆に好きな人に会っていたり、好きなことをしていれば気分がよくなり、いいことも起こりやすいということだ。

仕事も同じだ。気が進まないが金になるからと働いたり、いやいや義務感でやったりしていると、どこか違和感を感じる。そうなるとうまくいかないことが多い。

そういう場合は、できるだけ違和感のあるものから離れていくようにしたほうがいい。

仕事を変えられないのならば、仕事以外でできるだけ気分のいい好きなことをするといい。

心も体も気分をよくしておくと運が向こうからやってきて、いい決断ができるものだ。

勇気を持って「悪いこと」ができるだろうか

私は、ネオン瞬《また》く町、東京・新宿歌舞伎町で育ったと言ってもいい。

昭和二十年の東京大空襲で一面焼け野原になった新宿に、戦後復興計画が持ち上がり、ここに歌舞伎座を建設しようと運動が起こったことから、歌舞伎町と名づけられた町だ。

そんな町で生きてきたから、私のまわりには悪い仲間も当時はたくさんいた。

ところが、今はかなり様相が変わってしまった。

昔は、いかにも悪そうな顔をした奴が悪いことをしたものだが、いまの世の中は表面上は「いい顔」をした、一見「いい人」が悪さをする時代になった。

一流と呼ばれる大企業による総会屋への利益供与などを見れば、いかに会社自身が悪いことをしているかがよくわかる。悪いことをしていなければ、総会屋などにお金を渡す必要もないからである。

言い替えれば、表面上は「立派な社会人」であっても、やっていることはずるいこと、卑怯なことだったりする。そんな人間がいま確実に増えているのである。

だが、私はここで「悪いことをしてはいけない」などと、小学生への注意みたいなことを言うつもりはまったくない。

私が物事を決断するうえで、ひとつの基準にしていることがある。

それは、「勇気を出してやるか」、「卑怯な気持ちでやるか」ということである。

卑怯だと思ったら、一切どんなことであってもやらない。勇気を持ってやるのなら、世間でよくないとされていることでもやってみるべき、ということである。

これは、やってみればわかることだが、「勇気を持って悪いことをする」ときというのは本当の自分が出てくるときである。いわば度胸試しの感覚に似ている。

たとえば学生生活でいえば、先生に反抗するのは、「勇気を持って悪いことをする」ことだし、試験でカンニングをすることは「卑怯な気持ちでやる」ことだ。

同じ悪いことでも、そこがちがう。

もっとわかりやすい例を挙げるなら、会社でいえば、潰れそうな下請け会社に仕事を優先的に回すのは「勇気を持って悪いことをする」ことだが、下請け会社から接待を強要したり、賄賂を懐に入れたりするのは「卑怯な気持ちでやる」ことだろう。

どちらにしても、あなたが会社の中で悪いことをしなければいけないのだったら、「悪いことから学んでやろう」という気持ちを持って決断するといいかもしれない。

私に言わせれば、これまで見てきた多くの仲間でも、悪いことから学んだ男ほど、いざというときの修羅場に強く頼りになるからである。

金に近寄れば、必ずヤケドする

私が代打ちをしていた頃、当然のことながらひと勝負に当時の金で何百万円という大金が動いた。今なら数千万円かもしれない。

そういう勝負で勝つと、私を代打ちに指名した社長から「桜井さん、どうぞ半分持っていってください。私は金が欲しくて、勝負してもらったんじゃありませんから」などと言われた。

たしかに代打ち麻雀は、金儲けのために行われることばかりではないケースが多かった。いわゆる勝負だったのである。

「よし、麻雀で決着をつけよう。勝ったほうがこの仕事をもらうということで」というわけだ。

そして麻雀のプロをお互いが用意して、代打ちが集まって勝負するのだ。だから「半分取ってください」ということが多かったのである。

私は麻雀で二十年間誰にも負けなかったから、もし受け取っていたらどれだけの金が手に入っただろうか。

言っておくが、私は受け取る額が大きいからという理由で勝負を引き受けたことは一度もない。

代打ちを欲しがっている社長が四人いて、一人はプロ野球の巨人のように、たとえば五千万円あげるからやってくれないかと言われても、私は動きはしなかった。

残りの二人も、阪神や中日のように四千万出しますと言って、私に代打ちを頼んで来たとしても同じように動かなかった。

結局は、五百万円を提示する横浜か広島であったとしても、その気になってようやく動くといった感覚だった。

そして、ほかの代打ちが百試合出場する選手だとすれば、私は一年に十試合出ればいいという感じだった。

欲望が渦巻く新宿というあの特別な町で暮らすために、どうしてもやらなければならない義理を果たすために私は代打ちをしたのである。

しかもいくら勝とうがもらう額は決めていた。金に執着しなかったのである。

なぜ、そうしたのか。きっと、自分の本能のままに動いたのだろう。

この習性は今も変わらないが、代打ちで勝負する麻雀は汚いから、金で動くことを避けていたのかもしれない。

あなたにもそうした経験があるだろうが、「ここは、自分を消したほうがいい」と思ったときは、きっとあなたは出しゃばらないだろう。そういう感覚と同じである。

今思えば、だからこそ生きていられたのかもしれない。

あの頃の私が、巨人がいいとか、阪神に巨人ぐらい出せなどと金にガツガツしていたら、今こうして五体満足でいられるかどうか疑わしい。欲と欲の戦いの中に巻き込まれ命すらなかったかもしれない。

どうして、私がそれほど金に執着しなかったのか。

それは子どもの頃、博打《ばくち》好きの父親が借金まみれになり、母親が金で苦労しているのを見ていたせいで、小さいときから「金は近寄れば近寄るほど、危険なものだ」と感じていたからである。

「また、博打で負けたの。今月の生活費はどうするのよ」

「うるせえ、それを何とかするのが、てめえの仕事じゃねえか」

夫婦喧嘩のタネはいつも金だった。幸いなことに母親がきちんとした女性だったから、私は何とか大学まで行くことができた。

父親と同じように金銭にルーズな母親だったら、今日の私はいないだろう。

実際金の威力はすごい。金は人を狂わせる。金さえ持っていれば、実際にはたいしたことがない人間でも、自分を大きく見せられる。欲しいと思えば、どんなものでも手に入れることができる。たとえそれが人間であってもだ。

ある社長は堂々と「金で人の心を買える」と言ったが、それもわかる。実際、女たちも金のある男にはその金欲しさに群がった。

逆に、金のない人間は金持ちを異常なほど憎み、妬《ねた》み、手っ取り早く自分も金持ちになろうとあがく。金持ちになれなければ、今度は借金をするようになる。

そして、やがては自滅する。

こんな光景を毎日のように見ていれば、当然「金は魔物だ」と、ますます金に近寄らなくなる。

私は若い頃から、金は燃えさかる火だと思っていた。

虫たちはその火に吸い寄せられ、やがて身を焼かれる。

だから私は代打ちでどんなに大金を稼いでも、必要な金以外はもらわなかった。

この「金に執着しない」という考えは、生きる上ではとにかく覚えておいたほうがいいだろう。

西南戦争のとき、西郷軍の大物を助けて介護した薩摩のある女性がいた。

男はお礼だと言って、その女に大枚の金を置いていった。

すると、その女は弾丸が飛び交う戦地でその男を追いかけ、「こんなものをもらうためにやったわけじゃない」とその金を返したという。

自分としては当たり前のことをやったのに、こんなに礼をもらうのは自分の行為を無にされたような気がするというその女の気持ちは、私にはよくわかる。

その根っこにあるのは、金で動いたのではないという人間の「誇り」だと思う。

たとえば、麻雀でまったく同じ実力を持った二人が勝負したとしよう。私のこれまでの経験でいえば、金に執着したほうが絶対に負ける。

金が欲しい。金を取られたくないという思いが、勝負の判断を狂わせるからである。

これは麻雀でも仕事でも同じだと私は思う。

だからあなたが何か決断しなければならないことになったとき、金の計算は一切除外して決断したほうがいい。

「A案はうまく行けば、儲かるな」

「B案は、ちょっと実現するには、金がかかりすぎるけど……」

そんな発想で、物事を決めないほうがいい。

「この仕事が成功すれば、喜ぶ人がどれだけいるだろうか」とか、「成功しても失敗しても、自分の勉強になるな」というような判断で、AかBかを決めるのだ。

判断の基準に少しでも余計な金の匂いがしたら、それはうまくいかない前兆だと思っていい。

あなたに彼女、あるいは奥さんがいる。そこに、金持ちのお嬢さんが現れた。しかも、彼女はあなたに気があるようだ。あなたの心はきっと動くだろう。この娘が美人だったらなおさらだ。

しかしそこには、愛はないのだ。単に欲だけが存在し、あなたの心を惑わすだけだ。

もう一度言う。金は燃えさかる火だ。不用意に近寄れば、必ずヤケドをするだろう。

第5章
人生の決断をする

「決断」の人、羽生名人がやってきた

ある日、将棋の羽生善治名人が私の道場にやってきた。

羽生善治といえば、一九九六年、彼が二十六歳のときに将棋界の七大タイトルをすべて取ってしまい、話題になった天才棋士だ。

もっとすごいのは、十八歳のときに、大山康晴、加藤一二三《ひふみ》、谷川浩司、中原誠という当時現役の名人経験者四人をすべて破って優勝したことだった。

その羽生名人が、ひょんな理由で道場に現れたのだ。

彼もいつの間にか四十歳を超えて、とてもいい顔をしていた。

「顔は男の履歴書だ」というが、特に四十歳を過ぎた頃から、その人がそれまでどうやって生きてきたか、顔にしっかりと表れる。

ずる賢い男はネズミのような顔をしている。おおらかに生きてきた男は布袋様や大黒様のような顔になるものだ。

あなたも、会社の中を見回したら面白いだろう。キツネのような顔は人を疑い、騙し騙されながら生きてきた顔だし、サルのような顔は調子よく社内を駆けずりまわった顔のはずだ。

これはイケメン、醜男《ぶおとこ》など関係ない。イケメンであっても冷酷そうなワニ顔もあれば、どう見てもハンサムでないのに、すごく優しくて人なつっこいカバのような顔をした人もいる。その意味では、会社は動物園かもしれない。

羽生名人は、若い頃と変わらない相変わらず子どものような顔をしていた。ということは、名人でありながらこれまで自分に素直に生きてきたことを表している。ただ、彼には口元をよく動かすクセがあった。これは明らかに上半身、それも頭だけで生きてきた証拠である。

常にロダンの彫刻のように、顎の下に手をあててじっと考え込む若いときからの行動が、今もクセになって残っているのだろう。

彼が私の前に現れたとき、肩にまったく力が入っていなかったのが印象的だった。あれだけの有名人だし、もう少しツッパっていて生意気かなと思っていたら、そんなところはまったく見せず、話が佳境に入っても全然変わらず、大変素直な好青年だった。私のことは二十年前から知っていて、いつかお会いしたいと思っていました、と言ってくれた。

「どうして今まで来なかったの？　もっと早く来ればよかったのに」

私が聞くと、彼は笑顔でこう答えた。

「いや、会長、物事には時期というものがありますよ」

「ああ、そうだね」

私は彼に好感を持った。

だから、あえてこんなことを教えてあげた。

「羽生君、四十歳だよね。四十代っていうのはね、自分が必ず出てくる年回りなんだよ。君はいままで七冠を取ったけどね、それは君じゃないよ。これからが本当の君なんだ」

これも、私の持論のひとつだ。

織田信長は、本能寺で焼かれる際に、「人間五十年、下天のうちに比ぶれば、夢幻《ゆめまぼろし》の如《ごと》くなり。ひとたび生を得て滅せぬもののあるべきか」と歌いながら舞ったといわれているが、織田信長のように人生五十年の時代は、その半分二十五歳からが、その人の本当の人生だ。

今は人生八十年。だとしたら四十歳からが自分の人生だと私は思う。

ということは、四十歳の羽生名人の人生はまさにこれからだし、あなたたちの真の人生もまた、四十歳からだと思っていい。

会社員が定年後のことをよく「第二の人生」と言うが、私に言わせれば冗談じゃない。**定年になってからでは、次の人生はもう手遅れなのだ。**

もし、あなたが会社から独立しようとか、人生をやり直そうとか、何か自分の人生に大英断を下すとしたら四十歳が区切りだと思うべきだ。

あなたが会社員だったら、こう考えればいい。

人生八十年だとしたら、問題は五十代から七十代までの二十年間をどう生きるかである。

ここを人が羨むような楽しく、溌剌《はつらつ》とした人生にしたかったら四十歳で決断し、五十歳までに準備をし、五十歳から実行し、七十歳になって後始末をする。

それが、私がよく口にする「準備」「実行」「後始末」である。

これでは六十歳からでは、もう手遅れだということがわかるだろう。

ということは、四十歳までは、「真の人生」を歩むための下準備であり、訓練、勉強の期間だということだ。

羽生名人の将棋の世界も若返りが激しい。十代のスター棋士が次々と現れる。だが、将棋の本当の楽しみは、きっと十代や二十代ではわからないだろう。

スポーツの世界でも同じだ。ワールドカップに出場するようなサッカー選手も、走りまわっているときが「真の人生」ではない。現役をリタイアしてからが本当の人生のはじまりなのだ。

これはあなたの人生も、まったく同じなのだ。「真の人生」は、五十歳から七十歳。そのときの人生は、今生きている人生とまったく違う。すべての人に同等に与えられたチャンスだと考えてもいい。だから五十歳までの肩書は一切通用しない。

よく新聞に、元日本チャンピオンとか、元アイドルの不祥事が載るが、彼らは現役の時の肩書で残りの人生を生きられると思ったバカ者だ。

逆に言えば、あなたが今どんな仕事をしていようが四十歳からきちんと生きれば、「真の人生」の味を楽しめるということだ。

今は、それまでの訓練や準備だと思っていい。

そして、**四十歳になったら、自分はどう生きるか決断をする。**これが大事なのだ。

羽生名人は、私の考えをよくわかってくれたようだ。

「会長、勝つ負けるといった勝負を超えたところに、本当の勝負があるんですよね」

「本当にそうだね」

勝つことだけを目的にすると、どうしても精神が卑しくなる。彼のこの考えは、十代から勝負の世界にいれば、当然のことだろう。

だが「どうやったら勝てるか」ではなく、「いい勝負をする」ことを第一に考えると、相手が見えてくる。

いい相手と「いい勝負」をすれば、勝っても負けても相手に敬意を払える。そのお互いの喜びこそ、真の勝負というものなのだ。それが楽しめる人生を選択できるようになるのが四十歳からというわけだ。

それは人生も同じことだ。自分に与えられた一度きりしかない人生を楽しまないでいいわけがない。

あなたは多くの会社員のように、六十歳まで必死で働いて「あとはやることがない」人生を送るために生まれてきたのではないはずだ。

今、四十歳に近い年齢ならば、すぐに決断すべきだ。

「いい人生を歩む」ことも、「いい勝負をする」ということと同じだとわかれば、それまで見えなかったあなたを取り巻くものが必ず見えてくる。

羽生名人は、こんなことも言いだした。

「会長、僕は永田町に呼ばれて行ってよく将棋を差すんですが、差しはじめて五分もしないうちに、もう帰りたくなるんです」

「わかる、わかる」

私は、彼からこの言葉を聞いて、（ああ、この人、やっぱりすごい勝負師だな！）と思った。

あなたになぜ私が「わかる、わかる」と言ったか、それこそわかるだろうか。

私もこれまでそういう経験をしたからである。

多くの善行をして、人から「いい人だ」と言われている人が、麻雀の牌を握ると、先ヅモをしたり、露骨なヒッカケをしたり、勝つためならどんな汚い手でも使ったりするからだ。

私は人間の裏を見たようで、吐きそうになったことが何度もある。

案の定、羽生名人はこう続けた。

「政治家で偉くなった人の将棋は、気持ち悪いんです」

そして、政治家でいい顔の持ち主がいないというのも同意見だった。

利にならない「気づき」こそが本物

また羽生名人に、私はこんなエピソードを話した。

あれは、地方に出かけたときのことだ。

時間ができたので、旅館から出て新緑の野山を歩いた。午前中だったので、太陽が燦々とふりそそぎ気持ちが良かったし、風もさわやかだった。

私は小川を見つけ、川端の雑草の中に腰をおろして小さなせせらぎを見ていた。水辺に初めて見る花が咲いている。透き通った水に指をつけると、かなり冷たい。どこかの山の雪解け水かもしれない。

(あの山からだとすると、遠いなあ。地下の湧き水じゃないかなあ)

そんなことを考えていたら、私の後ろを誰かが通った気配がした。何気なく振り向くと、編み笠をかぶり長靴をはいた、いかにも農家のおばあちゃんという後ろ姿が目に入った。畑を見に行くようだった。背が小さい。百四十センチぐらいだろうか。

私が振り返った姿に気づいたのか、おばあちゃんは小川沿いの道をゆっくりと戻ってきた。

そして、立ち上がって会釈をする私に「水、飲まないかい？」と静かに言った。喉が渇いていた私は、素直に「ありがとうございます。いただきます」とその好意を素直に受け取ることにした。

おばあちゃんは家に戻り、冷たい水を私に渡すと、すたすたとまた畑を見に少し急な坂を上がって行った。

なぜ、私が咽喉が渇いていたか、わかったのだろう。私は、おばあちゃんの背中を丸めた後ろ姿に思わず頭を下げた。いまだにその姿は瞼《まぶた》の裏に残っている。

私は子どものような気持ちでおばあちゃんの後を追った。何だか嬉《うれ》しかったのだ。

おばあちゃんは坂を下り、畑に入ると農作業をはじめた。その姿はまるで土の中に生きる生き物のように、土となじんでいた。そんなエピソードだった。

「会長、僕は著名人や、偉いと言われている方々とずいぶん会いましたけどね、この人は素晴らしいという人は今までいなかったですよ」

羽生名人は、そう言った。

「そうだね、私たちが頭が下がるような人は、都会にはいない。何でもない野山や里にいるね」

私の先の農家のおばあちゃんの話に、羽生名人も大きくうなずいていた。

これも「気づき」のひとつだと私は思う。

（ああ、こんな暮らしもあるのか）

あなたも、こういうおばあちゃんにそう感じることができるだろうか。

「気づき」――これも、あなたが何かを判断する前にして大事なことになるだろう。

「気づく力」と言ってもいい。

ただ、誤解しないでほしい。

会社員でよく「気がつく」といわれる人がいるが、それはあくまで「利」というものに敏感なだけである場合が多い。自分にとって都合のいいことばかりにどんどん目が奪われてしまうタイプが実に多いが、これは本当の「気づき」とはいえない。

あなたにはぜひ、私が出会ったおばあちゃんのような行為に素晴らしさを感じる人間になってほしい。そういった行為に素直に感動できる、心が純粋な人になってほしいのだ。

テレビのニュースでは、政治家が国会で勝手なことを決めようとしているが、どの政策も「利」がからんでいるため信用できない。なぜ、あんなに欲に心を奪われてしまうのだろう。政治家の顔ほど卑しさを感じるものはない。そうは思わないだろうか。

人は、地位が高くなればなるほど、卑劣な顔になりがちだ。

「利」にはまったくならないことに感動できるような人が決断することであれば、きっと誰もが信じると思うが、どうだろう。

自分をいつも二番目に置くと、いい決断ができる

「桜井さん、あなたはいろんなものが見えていますね」

「ああ、見えますよ」

「モノは相談なんですがね、あなた教祖になりませんか?」

「教祖?」

「ええ、新興宗教の。資金は私が全部出しますよ」

羽生名人にかぎらず、マスコミで有名な人たちが次々と私に会いに来る。それはいいのだが、中にはとんでもない話も飛び込んで来る。宗教界からの誘いは、これ一件だけではない。

たしかに、私の「感じる力」というのは自分でも不思議に思うほどだ。

実はこれは、いまはじまったことではない。これまで何度も不思議なことを私は体験し

ている。特に若い頃はそれが顕著だった。それこそ先の会話のように「見えていた」のだから。

たとえば、麻雀卓を囲んで真剣勝負の最中、襖の向こうの部屋にいる人の気配を克明に感じることができた。いま何人そこにいるか、奥の部屋から何人入ってきて、何人出ていったか、そういうことが手に取るようにわかった。

あとで聞くと、実際にその通りで、（やっぱりな）と思ったこともあった。

あれはいつだったか、こんな不思議なこともあった。

うちの女房と焼肉屋に行ったのだが、たまたま娘の家の近くだったので、誘ってやろうということになり、女房が電話をかけた。

娘は来るとも、来ないとも言って、はっきりしないらしい。

「来られたら来るって言ってたけど、来ないんじゃないの」

女房は私にそう言った。

しばらく焼肉を食べていると、「あっ、いま娘が店に来た！」という感じがして、ややあって足音らしき音が部屋に近づいてくるのが聞こえた。

奥まった部屋にいたので、外の車の音も聞こえないし、店の入口も見えない。それなのに、私には娘が来たのがわかったのである。

だから何だ、と言われたらそれまでだが、結局私が麻雀で二十年間無敗だったのは、この「感じる力」があったからこそだと思っている。

（あっ、いま対面がテンパッた）

（次、リーチだな。だとしたら、ここではこれを切っておこう）

勝負そのものだけでなく、対戦相手のイライラぶりや精神的な空回りをも感じ取っていたから、負ける気がしなかったのである。相手が昨日女にふられたことなども手に取るようにわかったのだ。

だからといって、私は、宗教家になるつもりなどはまったくない。

この能力は超人的というより、むしろ自分では動物的だと思っている。それも、かなり下等動物に近い。脳が発達していない動物は「感じる力」だけで生きているのだから。

なぜ、そんな話を書いたかと言うと、私のこの動物的ともいえる「感じる力」をぜひ、あなたに味わってもらいたいからだ。いや、すぐには難しいかもしれない。ただ、まったく無理だとも思わない。あなたにその気があれば、少しだけ試してみたらどうだろう。

そのためには、**まず人に会うときに知識や情報を一切捨てて会ってみるのだ。**相手の心の動きに自分がどう反応するのか試してみると楽しいかもしれない。

人は、思っていることと口に出すことがちがう場合が多い。口ではこう言っているけれど、本音はどうなのか、いわば「心を読む」訓練だ。

それには条件がひとつだけある。

それは**さまざまな場面で、自分を一番ではなく、二番に置くこと。つまり「自我」を捨てることだ。「自分を消す」と言ってもいい。**

素晴らしいリーダーほど部下の意見を大事にする。そして、すべて部下に任せ、責任だけ自分が取る。

これがなぜできるか、と言えば、自分を常に他人の次に置いて判断しているからである。わかりやすく言えば、「自分が上司でいられるのは、部下が働いてくれているからだ」と考えているからである。

そして、「感じる力」を信じて、部下に任せ、万一部下が失敗したら「私の仕事は部下を守ることだ」と責任を取れるのも、自分が、自分が、とは考えたりしないからだ。

権限を利用して、自己満足のために部下に命令し、嫌なことを言ったりやらせたりする上司と比較して、「感じる力」のある上司の素晴らしさというものがよくわかるだろう。

人に仕事を任せるなら、最後まで口を出すな。口を出したいのなら、最初から任せるな。

これはマクドナルドの創業者、レイ・クロックの言葉だ。

あなたの上司は、この言葉を知っているだろうか。

時にはあきらめる気持ちも大切

東日本大震災からひと月経ったある日、私は仲間と被災地である三つの県にマグロを届けに行った。

被災者の多くが、「マグロの刺身が食べたい」と言っていたからだ。もちろん生のマグロである。

そして、私たちは深夜東京を発ち、昼ごはんどきに何百人分のマグロの刺身を配り、現地の人たちに大変に喜ばれた。

それにしてもあたり一面は凄まじい光景だった。思い出しても何も言えないくらいである。

被災地で出会ったほとんどの人は感情の出し方を忘れていたし、当然涙すら出ないという状況だった。呆然と立ち尽くし、家や財産だけでなく、人間らしい感情はすべて失っていた。当然のことだと思う。

私があれこれここに書く権利もない。もちろん私も彼らに何も話さず、ただマグロの刺身だけを配った。多くの人がそれを黙々と食べてくれた。

そうした中に妙に明るい人が二、三人いらした。

冗談は言う、ワハハワハハハと大声で笑う。まわりも彼らの明るさにつられて笑みを浮かべていた。

私も、その明るさに惹《ひ》かれて、思わず声をかけた。

「おばちゃんたち、こんなときにどうしてそんなに明るくいられるんですか」

おばちゃんたちの顔がマジになった。

「私らも暗くなったさ。真っ暗さ。全部、津波に持っていかれたんだからな。でもな、あきらめたんだ。悔やんでも、悲しんでも、どうにもならないからね」

私はこのとき、被災地のおばちゃんたちから人生で大切なことを学んだ。

それは「あきらめる」という、強い意志だ。

多くの人は、これまで「あきらめない」ことを美徳としてきた。たとえどんなピンチに陥っても、決してあきらめてはいけない。最後の最後までがんばれば何が起こるかわからない、と励まされてきたように思う。「夢をあきらめるな、きっとチャンスが来る」と、あなたもかつて誰かに言われたことがあるだろう。

だが、被災地のおばちゃんたちは、あきらめていた。

あきらめたから、「さあ、もう終わったことは仕方がない。前を向いて歩いていこう」という気持ちになったのだ。

それが、あの明るい笑い声になったのだろう。

あきらめられない人の気持ちもよくわかる。しかし、それはそこにいつまでもとどまることだ。

一度あきらめることは、次の決断を生む。

千年に一度という大災害に遭いながら、そこからも学ぶあの人たちは、まさに「人生の達人」だった。

同じような話が津軽にある。

ある年の秋に、大型台風が青森全土を襲った。強烈な風雨で、津軽のリンゴ農家が大きな被害を被《こうむ》ったのはいうまでもない。

台風一過、リンゴ畑を見てみると九割のリンゴが落ちてしまっていた。リンゴで生計を立てていた農家にとってはまさに死活問題だった。

多くの人たちが途方に暮れた。

だが、まだ落ちていないリンゴが一割あった。そこで、リンゴ農家の若者たちは集まってこれを売ることにした。

彼らは一体どうしたのか。「落ちないリンゴ」として、受験生に売ったのである。

東京の明治神宮をはじめ、多くの神社で販売した。単価は高かったがこれがバカ売れし、被害は最小限にとどめることができた。

彼らは言った。

「あきらめなかったかって？　いや、あきらめたさ。あきらめたからこそこんなアイデアが生まれたんだ」

何かを決断しなければならないときは、いったんあきらめてみると新たな道が見えてくるかもしれない。

そうだ、まず出世をあきらめてみろ。その瞬間からまったくいまとちがう自分が見えてくるにちがいない。

つくっては壊す気持ちを持て

今あなたに「出世をあきらめてみたら？」と私は軽く書いたが、それは「成功」とは何かを知ってほしいからだ。

たとえば、がんばって、人を蹴落として、今働いている会社の社長になったとする。はたしてそれは「成功」なのだろうか。

一般的にはそう思われるかもしれない。ところが、私はそうではないと思っている。いや、社長になることが悪いということではない。一応出世ゲームでは、社長はアガリである。だが、それは人生では決してアガリなどではない。

社長になったままで死ねれば、あなたの人生はまあ良かったわけだろうが、オーナー社長でないかぎり、一生社長でいられるわけがない。つまり、社長の時期は人生八十年のうちの数年にすぎない。

だから、あなたが社長になったのは「成功」ではなく、単なる「達成」だと思うべきだ。山に登って頂上に立ったのと同じである。もちろん、すぐに下らなければならない。人生という山があるとすれば、長い時間を費やして登って、あっという間に下山するようなものだ。

私は人生は麻雀と同じだと思っている。

麻雀というゲームは、四人の中の一人が完成品をつくると、それをすぐに崩す。決して残しておくものではない。つくっては壊し、壊してはつくる。

だから、できた完成品を威張ることもなければ、成功したと自慢するものでもない。そして、私の道場の場合、できたものが汚いものだったら、あえてアガらず崩すよう教えている。

これは、陶器づくりにも少し似ているかもしれない。百枚皿を焼いて、九十九枚割って、一枚だけ取りあげる。九十九枚はいらないのだ。

そして私たちの毎日もつくっては壊し、壊してはつくるの連続ではないだろうか。

昨日も今朝も、まったく同じ朝は来ない。もちろん、同じ昼も夜もない。

そして、また次の朝が来る。

結局、その連続が人生であるということがわかれば、人生に「成功」などなく、あるとすれば、「達成感」を味わうだけということがわかるであろう。

仕事もそうだ。昨日と同じ人と会ってはいないし、同じ電話をかけてはいない。着ているシャツや下着がちがうように、あなたの人生はつくっては壊し、壊してはつくる毎日からできている。

この気持ちがあれば、先の被災者の「あきらめた」という気持ちもわかるだろう。

昨日は大災害に遭った。だが今日は生きている。同じ日は二度とない。それだからこそ、立ち直れるのだ。

麻雀をしたことがある人にはよくわかるだろうが、あなたの仕事は牌をツモっては捨て、捨ててはツモりながら、アガリを目指しているようなものなのである。

その意味では、**会社の仕事における「決断」とは、ただどの牌を切るか、それだけのことなのだと思うと、決断しやすくならないだろうか。**

つくっては壊し、壊してはつくる気持ちを持つだけで、あなたの仕事に対する姿勢がかなり楽になるはずだ。

まず、自分の業界を否定できるか？

私の道場に多くの人が出入りをするが、そうした中で、私が人を判断するもうひとつの基準がある。

それは、自分が住んでいる業界を肯定する人は信じないが、否定する人は信じるということだ。

自分の働いている業界を働きがいがある業界だと思うか、この業界に入らないほうがよかったと思うか、どちらであろうか。

ある企業のトップと話す機会があった。

私は企業の偉い方とは特にこれと言って話すこともないので、遠慮したのだが、義理でどうしても会わなければいけない羽目になってしまった。

（嫌だなあ……まあ、適当にあしらっておけばいいか）

そう思っていたら、その人とは最初から盛り上がった。

なぜなら、本人が第一声で自分のいる業界を否定したからである。

「桜井会長、企業人なんてね、私を含めてロクな奴いませんよ。特に社長だ、会長だっていうのは何も現場を知らないんですからね。あれじゃ、現場はやってられないでしょ」

いきなり、自分の業界はじめ、財界を、さらには自分を卑下しつつ言いたいことを言うのだ。

「なぜ、ダメかわかりますか。政治家と同じなんですよ。社長っていうのはね、何としても自分が社長になるんだ、と若い頃から思っていた人間でないと絶対になれませんからね。総理大臣だってそうでしょ。なりたい、なりたい、なれるのなら人のお尻までなめてもいいという奴ばかりですよ」

もう思わず笑ってしまった。

「麻雀の世界よりひどいですね」

私もそう言ったが、だからこそこの社長の話には説得力があった。

財界人という人は、それまでほとんど自分で物をつくってきた人ではない。最初からつくる人を管理してきた人たちだ。そして、その中でも「出世する」ことだけを考えて行動しなければ、決して社長になれない。

（あの人が社長になればなあ……）という人が社長になれないのは、当然のことなのだ。

リーダーになってほしい人はなろうとしない。なってほしくない人が、リーダーになろうとする。

これが、世の中だ。

あなたは、自分のいまいる業界を否定できるだろうか。

間違えてはいけない。「不満を言う」ではなく「否定をする」である。

「不満」はあくまで自分に関係することで、どうしようもない。

「だったら辞めればいいじゃないか」

私が言うのはそれだけである。

だが、「否定」はちがう。自分がその業界にいて自信があり、業界全体がこうあるべきだというビジョンを持っていなければ「否定」はできない。

そして、それにはそんな体質と戦う勇気も持たなければならない。

いったいあなたに自分の住んでいる業界の「否定」と、それを改善する「決断力」があるだろうか。

それを一度でも問うてみてほしい。

気持ちがよければ、判断は狂わない

ある夏のこと、多くの道場たちと別荘に行った。

道場生といっても、みんなそれぞれ仕事を持っているので、前日から行ける組と当日出発する組のふた組に分けて道場を出発した。

私は後発組。現地近くに着き、空腹を感じたので途中のそば屋に入ることにした。折から昼近かったため店は大混雑だった。

店員は厨房にいる二人のそば職人を除いて一人。したがってかなりの忙しさだった。

たぬきそば、ざるそば、冷やしきつね……私たち六人が勝手に安いものを注文する。この店は安い方がおいしいことを、何度も来ているからみんなよく知ってる。

「はい、たぬきあがったよ」「はい、冷やしきつね」……。どんどん注文した品ができあがる。だが、それを席に運ぶ人がいない。

すると、道場生は積極的に店の手伝いをした。できあがった品々を席に運んだのだ。しかも自分の分だけではなく、人の分までも。もちろん店員さんの邪魔にならないように。

そして、みんなが食べ終わった頃、汗をいっぱいにかいた店主が私のところにやってきた。

「いやー本当に助かりました。それが不思議ですね、実は昨日もお運びを手伝ってくれた若い人たちがいたんですよ。二日も続けてだから助かっちゃいました」

そう言いながら頭を下げた。

私には昨日の若い人たちというのは、きっとうちの前日組だと感じられた。

別荘にたどりつき、迎えに出た前日組に「お前たち、いつも寄るそば屋に行った？」と聞いたら、「ええ昨日行きました。はい手伝いました」と言った。

私の指示でなく、自らの判断でそば屋を手伝ったことがうれしかった。

何より、彼らがまったく「利」を考えずに素直に判断してくれたことが気持ちよかった。

この「気持ちよく」ということが、日常生活では大事なのだ。

家庭でも、仕事場でも、とにかく「気持ちよく」いれば、当然的確な判断ができるというものだ。

だが、家庭はともかく仕事場で「気持ちよく」いることはとても難しいことだろうと思う。

多くの人は仕事場で我慢に我慢を重ねて、我慢料として賃金をもらい、その得た金でマイカー、マイホームなど自分が「気分よく」なるものを購入する。しかし、それではもったいないと私は思う。

あなたの一日の中で、もっと言えばあなたの人生の中で、一番長くいる場所は会社であろう。その一番長くいる働く場所を「気持ちよく」しないでどうするのだと思うが、私の考えは間違っているのだろうか。

もちろんそれは下っ端ではできない。仕事場を「気持ちよく」できるのは上司の大事な役割である。

会社に行くのが楽しい。仲間の顔を見ると何だか気分がいい。金をもらわなくてもそこにいたいと思う場所。

上司は、そうした職場を今すぐにでもつくるべきだと私は思う。

それには、どうするか？

私たちの道場では、ダメな子がひとついいことをしたらみんなで喜ぶことにしている。それも全員で心から喜ぶ。するとみんなが笑顔になっていく。

あなたの職場でもそんなことができたら、かなり「気持ちよく」過ごせる時間が増えると思う。

そして、「気持ちよく」過ごせば、判断も間違えないと思うが、どうだろう。

「あなたしかなれない人間」になれ

私の息子がまだ中学生のとき、こんなことを言った。

「僕が高校生になったら、絶対お父さんを倒してみせる」と。

きっといつか、相撲か格闘技で私を倒したかったのだろう。で、どこかで技を覚えてきたのか、高校生になってすぐ「試していい？」とかかってきた。

「じゃあ、俺は座っているから、はいどうぞ」

息子は真剣に私に向かってきた。だが、私の体に触れるか触れないか、という一瞬で勝負は終わった。もちろん私が負けるわけがない。

息子は言った。

「お父さんが六十歳を過ぎたら、絶対やっつける」と。

息子にとって父親は永遠のライバルだ。

息子と孫と、うちの道場生三十人ぐらいと海に素潜りに行ったときのエピソードがある。その日は潮が悪く、水も冷たかった。そこに、夕方頃私が顔を出した。

「そうか、魚も見当たらないほど海が冷たいのか。じゃあ俺、魚でも獲ってくるわ」

五分後、私は大きな魚を仕留めた。しかもその場にあった子どもが使うような銛《もり》を使って。息子は、また私を尊敬のまなざしで見ていた。

私がどんなに本を出版しても、きっとこれほど敬いはしないだろうし、講演会でどんなにいいことをしゃべろうと、彼はカッコいいとは思わないだろう。

私も別に魚を獲ったのを自慢しているわけでもない。

「自分たちは、何時間海にいても魚なんて見つけられもしないのに、何でお父さんは後から来てサッと仕留められるんだろう」

そうしたことを子どもは格好いいと思い、尊敬するのだ。

そんな長男が、あるときこんなことを言いだしたのには、さすがの私もちょっと驚いた。

「僕は一生かかっても、お父さんみたいになれない」と。

何だか、うれしかった。いや、父親を認めてくれたのがうれしいのではない。

「そりゃあ、そうだ」とひとしきり笑ったあと私は言った。

「俺には誰もなれないさ。それに誰も俺を妬まない。イチロー選手のことも誰も妬んだりしないよな。人が人を妬んだり、羨ましがったりするのは、自分がその人の肩書や地位になれると思うからだ。自分がなれないと思う人間に対しては妬まない。逆にお前は、お前にしかなれない人間になればいいってことさ」

この言葉の意味が、あなたにはわかるだろうか。

たとえば、あなたの課長は、その人でないとなれないだろうか。他の人ではその人の代わりはできないだろうか。部長はどうだ。その人だから部長なのか。それともほかに適当な人がいないから、部長なのか。言い替えれば、あなたはこれから誰でもなれるような人間になったところでしょうがない、ということだ。

私が息子に言ったように、あなたも課長や部長の椅子を目指しているとしたら、それよりも「あなたにしかなれない人間」を目指すべきだ。

その方が、よほど面白い人生になるだろう。ほかに代わりのいくらでもいる課長や部長など、誰かにやらせておけばいいじゃないか。

ちなみに私は、子どもの頃から「そんじょそこらにいる人間」にはなりたくなかった。

そうではない人、自分にしかなれない人間になりたかったのだ。

しかし、現実に自分が住んでいるのは麻雀の世界。肩書があるとすれば雀荘の親父。これは社会的にはかなりのハンデだ。

実際、麻雀の世界なんてロクな奴が集まってこない。身を持ち崩した奴、家庭を顧みることのなかった奴……。そんな人間として最低な奴ばかりだった。

そんな、たかが雀荘の親父、それが私なのだ。にも関わらずさまざまな人が私に会いに来る。なぜだろうか。

それは、私が「そんじょそこらに、いない人間」だからだと思う。

「そんじょそこらに、いない人間」は、基本的に数理で動かない。

さらに知識を信じずに知恵を信じる。

知識と知恵のちがいがあなたにわかるだろうか？

知識というのは奪ってくるものだ。自分のために手に入れるもの、それが知識だ。だから知識を手に入れたら、ひとり占めしてそれを自分のために使おうとする。いわゆるエゴ。利己主義のツールなのだ。

ところが知恵はまったく正反対。読んで字の如し、知恵は「恵み」だから手に入ったら、多くの人に分け与えようとするもののことだ。

そしてそれが自然と次の世代に伝わっていく。おばあちゃんの知恵、漁師の知恵、大工の知恵、主婦の知恵……。

そして「そんじょそこらに、いない人間」は、知恵を大切にする。

また、「そんじょそこらに、いない人間」は、会社の中にあっても部下がミスをしても決して怒らない。なぜ怒らないか。ミスするのが当たり前だと思っているからだ。

その代わり、問題から逃げようとしたり、ウソをつくと怒る。

「そんじょそこらに、いない人間」は、誠実な人、健気な人を愛する。

生き方が下手な人が好き。野に生きている人が好き。自然が好きなのだ。

「そんじょそこらに、いない人間」は、未来にも過去にも興味を持たない。過去の栄光を語るのではなく、「今」できることをする。しかもすべて「遊び」の感覚で。

そして「そんじょそこらに、いない人間」は、決して判断を間違わない。なぜか。自分を計算に入れていないからである。

何が一番大事か、それをまず考えて自分のことは二の次にするからだ。

すべて話は簡単だ。その「そんじょそこらに、いない人間」にあなたがなればいいだけのことだ。

どうしたら、なれるか？

ひと言で言えば「そんじょそこらに、いない人間」になるには、「そんじょそこらにある生き方」をしないことだ。

つまり、あなた自身が自分の代わりが誰でもいるような生活を送っているかぎり、「そんじょそこらに、いない人間」にはなれない、ということだ。

自分との約束を守れるか

もしあなたが「そんじょそこらに、いない人間」になりたいのであれば、最低限自分と交わした約束は絶対に守ってほしい。

約束は何だっていい。

たとえば「明日は朝五時に起きる」と自分に約束したら必ず起きるのだ。急に前の晩、得意先の接待があって、家に帰ったのが深夜であろうとも、自分との約束は絶対に死守する。

これは、何でもないように思えるが、私に言わせれば「自我との戦い」である。

（いいじゃないか、あと三十分寝ていたって）

（明後日から朝五時に起きることにするから、今朝だけはいいだろう）

あなたの心の中では、あなたの肉体があなたの精神に甘い言葉を投げかけているのが手に取るようにわかる。実際眠いし、あと三十分起きるのが遅れても、どうってことはないかもしれない。

だが、こうした日常生活の中の何でもないような一場面が、実は人生を決めかねないのだ。

カードローンで破産する奴、薬物中毒になってしまう奴、犯罪を何度も繰り返す奴……。彼らは間違いなく、自分との約束を何度も踏みにじってしまったから、そういうことになっている。

「もう絶対にしません」と言ったら、絶対にしないのが約束というものだろう。もちろん自分との約束だから誰も何を約束したかなど、わからない。

しかし、他人にわからないからこそ、守ってほしいのだ。

たとえば、私は死ぬまでタバコを吸うだろう。もちろんタバコは若い頃から吸っているし、いま下手をすれば一日百本吸ってしまうかもしれないほどのヘビースモーカーだ。

肺がんになると注意されているが、がんになったらがんになればいいだけのことだ。何があってもタバコはやめない。これが私の自分との約束だ。いまの時代どこもかしこも禁煙ブーム。だからこそ、私は自分とのこの約束はちょっと面白いと思っている。

人生にとっては、大したことのない約束だ。だが、こうしたことすら守れないのが人間でもある。どうしても守れないようであれば、約束などしなければいい。

役者が親が死んでも舞台に立つのも、自分との約束だ。

将棋の米長邦雄永世棋聖は、こう言っている。

男の約束は、法律に優先する。

まさにその通りだと思う。まして、**自分との約束は誰も見ていないだけに、何よりも優先しなければいけない**。

あなたもどんなに苦しくても、涙が出るほど悲しくても、「これは、自分との約束ですから」と言って何か行動を起こしてみよう。

その「決断」が、実は自分に勝つことであり、人生を面白くすることにつながり、それがやがては「そんじょそこらにない生き方」になるのだから。

自分で決めるより、相手が決めることもある

ここまでずっと、決断するのは自分自身だという観点から書いてきたが、人生の決断は必ずしもそんなケースばかりではない。あなたの人生の決断を相手がすることもあるからだ。

それを感じたのは、前章でも書いたとあるリゾート地に旅したときだった。そう、私だけがいい席に案内された事件があった、あのときだ。

真っ青な空、灼熱《しゃくねつ》の太陽、白い砂浜にカラフルなビーチパラソル、冷たくてうまいマンゴージュース……。

そんなリゾートで、私は突然、外国人カメラマンに声をかけられた。

カメラマンというより写真家といった方がいいかもしれない。好きな写真を撮りながら世界を旅しているという。

「エクスキューズ・ミー」

どうやら、私を撮りたいらしい。

（たくさん観光客がいるのに、なぜ俺なんだ？）

そう思ったが、別にそれに拘《こだわ》るつもりはない。何枚か撮影して「メルシー」と言ったからフランス人だったのかもしれない。

だが、再び声をかけられたときはさすがに驚いた。今度はドイツ人夫婦だった。

「あなたは、禅のお坊さんですか？」

禅が世界中に広まっているのはよく知っていたが、まさか坊主頭でもないこの私が禅僧に間違えられるとはびっくりだった。

聞けば、彼らは禅を実践しているらしい。膝を折って座り、何気なく風景を見ている私の佇《たたず》まいを見て、「ああ、お坊さんかもしれない」と思ったそうだ。

先の話の続きではないが、このドイツ人夫婦は私がそこにただいるのを見て、この日本人は「そんじょそこらに、いない人間」だと思ったからこそ私に「お坊さんですか」と聞いたのだ。

このとき私はこう思った。

「ああ、私はここまでの人生、何事も一から十まですべて自分で決断して生きてきたけれど、自分ではなく相手が決めてくれることもあるのか。自分で決めるなんて、まだ大したことじゃないなあ」と。

そして、私が禅を実践しているわけではないが、私は禅的な何かを持っているということを、ドイツ人夫婦から教わったのだ。

ついでだから、最後に禅とは何かだけ教えておこう。

禅というのは、正真正銘の自分を見つめることだ。座禅というのはその典型的修行といえよう。

では、禅が教える「自分」とは何か。禅では、個人がいて経験があるのではなく、経験が個人を形成すると考えている。

つまり、今日の自分は昨日までの経験で生まれた自分であり、今日の経験は明日の自分をつくるという考えだ。

何だか麻雀に似ているような気がしてならない。つくっては壊し、壊してはつくる麻雀にだ。

私はかつての実生活でも、私は毎日のように起こるトラブルや、アクシデントに遭遇することを楽しみに生きていた。

家から一歩外に出たら「さあ、今日は何があるかな」とワクワクし、ピンチやトラブルがあると「おー、来た来た」とそれを喜ぶくらいのものだった。

禅とは、まったく無関係のところにいつつも、今日の自分は過去の体験がつくりあげ、今日の体験が明日の自分を形成するという点では、まったく同じところにいたのかもしれない。

つまり、私の言葉で言えば、
今日《こんにち》、今いる自分が明日変わっても、それは大した問題ではない。

ということだ。

それにしても、「あなたはお坊さんですか」と聞いてくれたドイツ人夫婦のおかげで、「自分が決めることとは、大したことではない」ということがわかってよかったと思う。

麻雀に天和《てんほー》、地和《ちほー》という役満の大きな役があるように、私たちの本当の決断は、天や地や、もしくは人や時が自然と決めてくれるのかもしれない。

なぜ、「雀鬼」であって「雀神」「雀聖」ではないのか？

「会長は、なぜ神ではなくて、鬼なんですか」

ある日、とある出版社の社長が何気なく聞いてきた。

たしかに、私は雀鬼であって決して雀神でも雀聖でもない。しかし、私はこういう質問が大好きだ。そこには何の恐れもない、わからないから聞くという素朴な気持ちが込められているからだ。

考えてみれば、これも自分で決めたことだった。

あるとき、「会長、これからは『麻雀の神様』で売っていきましょう」と言われ、「とんでもない！」と断ったことがある。

何度も書くが、私は雀荘の親父だからいいのであって、宮本武蔵のような「剣の神様」だとか「剣聖」と一緒にするのなら、それこそ神様が怒るというものである。

もっとも最近では、神様という言葉も簡単に使われるようになり、あるレストランで注文した品が来ないので「おい、お客様は神様じゃないのか！」と怒鳴ったら、ウエイターが「すみません、ほかの神様のご迷惑になりますのでお静かに」と言ったとか。

それでも私を売り出したい人は、「麻雀の神様のほうが売りやすいんだけどな」としつこかった。ならば、どうせつけるのなら、逆に「鬼」のほうがいいと言ったのが「雀鬼」のはじまりだ。

なぜ、私が鬼か。

それは、私が「狂」の世界をずっと見てきたからである。

私は、昔から対人関係で恐怖を感じたことはない。権力者であったとしても相手を見て「怖い」と思ったことはない。

だが、「狂」の世界の住人たちは別である。本人すら自分が何をやろうとしているのかわからないまま、彼らはやってしまうのだから、その恐ろしさはたとえようもない。

そんな世界を彷徨《さまよ》えるのは、神様などではない。まさに鬼でなければならない。

もともと「鬼」は「おぬ」、つまり「いない」、「姿が見えない」、「この世ならざるもの」を意味し、そこから人智を超えた存在を指す言葉となった。

それに「鬼」には、「強い」「悪い」「怖い」「ものすごい」などというマイナスのイメージがある。

中国では「死霊」の意味で使われている。まさに私につけるにはふさわしい名前だった。

その私が自分を「鬼」だと決めたときから、トラブルがトラブルでなくなり、ヤバいことがヤバくなくなるから不思議だ。

あなたたちの世界も、亡者《もうじゃ》たちがたくさんいる「狂」に近いおかしな場所かもしれない。欲と執念に取り憑かれた「金の亡者」、「権力の亡者」、さらには自分のことだけしか考えない「我利我利《がりがり》亡者」……。

ひょっとして、あなたのまわりにも「鬼」が必要かもしれない。

決断は、「準備」「実行」「後始末」がすべて

あなたはレストランに入って、メニューを見てどのくらいでオーダーできるだろうか。3分か、5分か。さすがに10分はかからないだろう。

私は1秒だ。なぜなら前もって、何を食べるか決めてから店に入るからだ。レストランに入るのは突然ではない。空腹だから入るのだろう。しかも、ラーメンを食べたいから中華料理店に入るし、日本そばを食べたいから、そば屋に入るのだろう。

私に言わせれば、なぜ注文するのに1分もかかるのか不思議だ。メニューに食べたいものがあるかどうかわからなかったら、聞けばいいだけのことだ。

一般に、決断するまでの時間が長い人がよくいる。

それは今回の原発問題で嫌というほど実感した。官邸に判断させろといったところで、一刻を争う場面で現場が官邸にメルトダウンについての講釈をしている場合ではないだろう。

しかも、決断に時間をかけると、人は往々にして邪念が入るものだ。そんな決断は、決していい結果をもたらさない。

実は、「決断力」とはそんな大げさなものではなく、いかに前もって「準備」してあるか、ただそれだけのことなのだ。

「こうなったら、こうする」というシミュレーションをたくさん前もって考えておけば、決断はすぐに下せるのだ。

そのためには、それまでに蓄積した知識や情報よりも、むしろ人間のアンテナ、するどい感覚を日頃から研ぎ澄ませておくことが重要なのだ。

私は、道場生たちに「**準備・実行・後始末**」の重要性をつねに指示している。何事もこの三つをきちんとやっていれば、恐れることもなく、慌てることもなく、ごく平和に毎日が送れるからだ。

たとえば、あなたが上司から大きなプロジェクトを任されたとしよう。するとまずは、メンバーを集めることから始めるかもしれない。そしてメンバーが集まったらこれから起きることすべてを書き出してみるがいい。トラブルからメンバー仲間の軋轢、さらには上司からの突然の内容の変更もあるかもしれない。

予算の問題、日数、人員不足、想定外の事故まで考えなければならない。これが「準備」だ。しかし、この「準備」を徹底的にしっかりやっておけば何かが起こったときに決断はしやすいだろう。

簡単に言ってしまえば、レストランに入る前に、自分の注文する料理を決めておくのと同じだ。

「それが万一なかったら、これ」、「それもなかったら、これ」という決断に論理は必要ないはずだ。

準備ができたらただ実行するだけだ。さまざまな問題を抱えながらプロジェクトは進んでいく。そして、すべてがあなたの準備段階の想定内で終わったら成功だ。

あとは最後の「後始末」だ。ここをきちんと処理して、一件落着である。

これからあなたが自分の人生でしなければならない「決断」は、きっといくつもあることだろう。そのときの決断力を磨くためには、このように「決断」ばかりにとらわれるのではなく、「準備・実行・後始末」というサイクルの中で「決断」をとらえていけばいいことでもあるのだ。

ただし、結婚への「決断」に限っていえば、「準備・実行」までは簡単に行くが、「後始末」が思ったより大変だということを、私の経験として最後に付け加えておこう。

おわりに

「麻雀に長考はない。それは考えているのではなく迷っているだけだ」

この言葉は私がつくった。

だから、私の道場では「ツモったら1秒で切る」というルールで道場生たちに麻雀をやらせている。

ところが、麻雀をやる一般の人たちを見るとわかるが、彼らの手はよく止まる。牌を取ってきて、そして切る、ただそれだけのことなのに、やたら時間がかかっている。

それは、その間に「損か、得か」という計算や、「これで当たったらどうしよう」という不安がよぎるからである。

これは私に言わせれば、計算する脳ばかり駆使して、「感じる力」を使っていない証拠である。

もちろん、これは麻雀にかぎらない。世の中、すべて数理で動いている。そのくせ太陽が燦々と輝いてくれても、多くの人間は当り前だと思っているし、雨が降れば降ったで「なぜ、雨なんだ。晴れればいいのに」などと勝手なことを言っている。

太陽や雨があるから農作物は育つし、私たち人間が生きていられる。それに対して、私たちは対価を払っているだろうか。雪や風のありがたみを分かっているだろうか。雲や星や月に対して、お金を支払っているだろうか。

山や海、川や湖が、私は泣いていると思う。こんな人間たちのために、存在しているのが悔しいと、きっと思っているように感じてならない。

もっと自然に対しても、また、森羅万象あなたのまわりで日々起こっていることを素直に感じるようにしてみよう。

この本の趣旨である「決断力」とは、実はそうした「感じる力」から生まれると思う。

自然だけではない。たとえば誠意、誠実という観念もそうだ。これも考えてやるものではない。

目の不自由な人が白い杖《つえ》をつき、横断歩道を荷物を持って渡っていくとしよう。

あなたは、「急いでいるから」と、その人を追い抜いて行けるだろうか。これも考えることなく、すぐに手を差し伸べるだろう。

目の前で子どもが転んだら、きっと駆け寄るだろうと私は信じたい。「大丈夫かい？」と声をかけると思いたい。

そのサッと自然に行動に移せる「決断力」は、まさに「感じる力」そのものだと私は思う。

私はあまり電車に乗らないが、たまに乗るとひと駅ごとにどんな人が乗ってくるか注意を払っている。

もし、体の不自由な方やお年寄り、おなかの大きい女性が乗ってきたら席を譲るためだし、万一ヤクザ風の男や「狂」の世界の「ヤバい」奴らが乗ってきたら乗客にいたずらをしないか見続け、何か事があれば、すぐにその場に行くためである。電車が駅に着くたび、私はそれを欠かさない。

これが、「決断力」を生むのだ。

もしあなたが優柔不断で、なかなか自分で決められないとしたら、頭で考えることをとにかくやめることだ。

いちいち頭で考えるから「このあと、こうなったらどうしよう」とか「余計なトラブルに巻き込まれたらどうしよう」と思ってしまうのだ。

考えることをせず、ただ感じていれば、きっと体が自然に動き出すだろう。

この本を読んで、あなたに「感じる力」がついたとしたら、それは「決断力」がついたのと同じことなのだ。「感じる力」が運を引き寄せ、いい決断をすると運が引き寄せられる。

「やってくれるか?」

「はい!」

明日から、早速上司とあなたのそんな明るい会話が聞こえることを、私は小さな雀荘の卓上で祈ることにしよう。

桜井章一

著者略歴

桜井章一（さくらい　しょういち）

1943年8月4日、東京・下北沢に生まれる。大学時代に麻雀を始め、裏プロとしてデビュー。以来引退するまで20年間無敗、「雀鬼」の異名を取る。引退後は「雀鬼流麻雀道場牌の音」を開き、麻雀を通して人としての道を後進に指導する「雀鬼会」を始める。モデルになった映画、漫画は数知れず、講演会などでその「雀鬼流哲学」を語る機会も多い。また、麻雀界にとどまらず各界に多くの共鳴者やファンを持つ。『人を見抜く技術』『負けない技術』『手離す技術』（以上、講談社+α新書）、『ツキの正体』『運を支配する』（以上、幻冬舎新書）、『群れない生き方』『恐れない技術』『運は「バカ」にこそ味方する』（以上、SBクリエイティブ）、『わが遺言』（ポプラ新書）など著書多数。

【大活字版】

決断の作法

2019年10月15日　初版第1刷発行

著　者　桜井章一《さくらいしょういち》

発行者　小川 淳

発行所　SBクリエイティブ株式会社

〒106-0032　東京都港区六本木2-4-5

電話：03-5549-1201（営業部）

装　幀　長坂勇司（nagasaka design）

本文デザイン 組版　アーティザンカンパニー

写　真　北村泰弘

編集協力　小田豊二

校　正　文字工房燦光

編集担当　木村文

印刷･製本　大日本印刷株式会社

落丁本、乱丁本は小社営業部にてお取り替えいたします。定価はカバーに記載されております。本書の内容に関するご質問等は、小社学芸書籍編集部まで必ず書面にてご連絡いただきますようお願いいたします。

本書は以下の書籍の同一内容、大活字版です
SB新書「決断の作法」

ISBN 978-4-8156-0218-5

SB新書